A. DESHAYES-DUBUISSON

Lettres Familières

SUR

L'ÉDUCATION

PARIS

LIBRAIRIE EUROPÉENNE DE BAUDRY

MESNIL-DRAMARD, successeur

45, RUE JACOB, 45

A. DESHAYES-DUBUISSON

Lettres Familières

SUR

L'ÉDUCATION

PARIS

LIBRAIRIE EUROPÉENNE DE BAUDRY

MESNIL-DRAMARD, successeur

45, RUE JACOB, 45

A mes chères Elèves
et aux Maitresses Adjointes,
mes zélées Collaboratrices

PRÉFACE

Il ne faut chercher dans ce Livre ni un savant traité d'Education, ni une œuvre littéraire; il n'est ni l'un ni l'autre.

Cet ouvrage, ainsi que l'indique son titre, est simplement un modeste recueil de LETTRES FAMILLIÈRES suggérées par le désir d'être utile, et basées sur l'expérience d'une longue carrière dans l'Enseignement. C'est une conscience mûrie et fortifiée par le Temps qui parle à d'autres consciences encore inexpérimentées. Voilà tout.

Puissent ces pages aider la jeune mère, la jeune institutrice, dans la plus noble, la plus haute de toutes les tâches, celle de l'Education de la Jeunesse.

Alors le désir le plus cher de l'auteur sera accompli.

A. D.-D.

PREMIÈRE PARTIE

Lettres Familières

sur

L'ÉDUCATION

LETTRES FAMILIÈRES

SUR

L'ÉDUCATION

LETTRE I

Ma chère Marie,

Depuis un mois, la visiteuse attendue repose dans le moelleux nid que votre amour maternel lui avait préparé. Oubliant vos souffrances et vos craintes passées, vous êtes tout à la joie de posséder le petit être qui vous est confié par la Providence; et c'est en couvant des yeux votre trésor, en suspendant votre oreille au souffle léger de la chère créature, que vous me formulez votre action de grâce.

Puis, vous revenez sur le passé : « Si vous saviez, me dites-vous, avec quelle sollicitude, pendant ces longs mois d'attente, j'ai veillé sur ma santé, afin que mon petit enfant devînt lui-même robuste et fort ; de plus, j'ai veillé sur mon esprit, pour qu'il pénétrât l'essence du sien d'une atmosphère de justice et de vérité; sur mon cœur, afin qu'il ne s'en exhalât rien que de pur et de bienfaisant. Si le visage des enfants porte le plus souvent l'empreinte des traits du père ou de la mère, pourquoi leur jeune âme ne leur emprunterait-elle pas également ses instincts et ses facultés ? »

Vous avez cent fois raison, ma chère Marie, toutes les mères devraient penser et agir comme vous.

C'est un grand honneur que la maternité, en même temps qu'une responsabilité de longue haleine.

Dans ce petit corps, auquel la nature et vos soins assidus donneront de jour en jour plus de mouvement et de vie, une étincelle est cachée dont vous devez surveiller les premières manifestations. Je sais que d'ici longtemps cette étincelle n'apparaîtra qu'en faibles lueurs, mais il est bon que votre âme s'éclaire à l'avance sur la tâche maternelle.

L'éducation !... Quel inépuisable champ de méditations prolongées avant d'engager l'action ! et pour des années !... Croyez-vous qu'elles comprennent leur misson, les jeunes mères qui s'ennuient ? Pour vous, Marie, vous connaissez toute la gravité de vos devoirs envers la petite créature qui vient de naître ; et vous êtes prête à tous les assujettissements, à tous les sacrifices. Vous soignerez son corps, vous soignerez son âme, en mère à la fois tendre et forte, sachant élever.

Elever ! voilà le mot qui arrête votre pensée, la domine, et vous incline à m'écrire aujourd'hui. Vous voulez creuser les questions que je vous suscitais autrefois, et vous imprégner, plus fortement encore, des principes qui vous gouvernent déjà.

Je me rends à votre désir. Voyons donc les principaux moyens qui pourront, plus tard, vous conduire au but que vous vous proposez.

Ils peuvent se résumer en quatre principaux : veiller sur l'imagination, élever l'intelligence, assainir le cœur et fortifier la volonté.

Bien qu'il ne puisse être question dans cette lettre que de grandes lignes, vous seriez déçue si je n'entrais pas dans quelques détails.

Vous veillerez sur l'imagination en attirant sans cesse vers le beau celle de votre chère enfant. Le récit, la lecture, la contemplation de la nature vous seront de puissants auxiliaires. Vous occuperez sa pensée par l'étude et par des récréations nécessitant l'entremise de l'esprit. Ainsi vous lutterez contre la dangereuse invasion du rêve. A ce sujet, défiez-vous du travail à l'aiguille.

ELEVER L'INTELLIGENCE.

L'étude donne à l'intelligence une nourriture saine et fortifiante. L'enfant guidé par une main habile entre avec plaisir dans ce pays inconnu où l'attendent d'intéressantes découvertes. L'éducatrice doit ressembler à l'abeille qui, du suc choisi des fleurs, sait composer un miel délicat ; elle puisera dans la leçon, dans l'œuvre littéraire, dans l'incident journalier, ce miel de l'Hymette qui donne aux initiés le goût très vif du beau.

Ainsi l'intelligence s'élèvera.

ASSAINIR LE CŒUR

Lorsque l'imagination est pure et l'intelligence élevée, le cœur s'assainit naturellement. Alors se développe en lui cette merveilleuse faculté d'aimer dont découle la force de combattre l'égoïsme. Les cœurs purs seuls savent aimer avec dévouement et persévérance. L'enfant, malgré son naïf égoïsme, est capable d'une grande générosité. De bonne heure, vous enseignerez à Renée la douceur que l'on trouve à s'occuper des autres, à leur faire de petits sacrifices. C'est ainsi qu'elle commencera son apprentissage de l'apostolat de la femme.

FORTIFER LA VOLONTÉ

Sous l'influence de ce qui précède, la volonté pour le bien prend corps ; il s'agit ensuite de l'éclairer et de la fortifier afin qu'elle puisse, en toute occasion, trouver et choisir la vérité et la justice, même à son détriment. C'est ce que nous appelons l'orientation définitive vers le bien ; laquelle est le résultat glorieux : d'un côté, du dévouement de l'éducatrice ; de l'autre, du bon vouloir et de la docilité confiante de l'enfant. Sans doute, les défauts naturels ne seront pas morts, ils ne mourront jamais : il y aura des chutes, des temporisations avec la conscience, mais cette dernière finira toujours par remporter la victoire. La lumière une fois faite dans l'âme, les brouillards et les orages peuvent en obscurcir momentanément l'éclat, mais celle-ci reparaît bientôt plus brillante que jamais.

Toutefois, ma chère Marie, malgré tous ces soins, pour que l'âme de votre petite enfant atteigne plus tard la santé, l'équilibre, l'excellence dont sa nature sera susceptible, il faut qu'elle trouve un milieu favorable.

On a souvent comparé l'enfant à la fleur en bouton; pour être banale, la comparaison n'en est pas moins d'une grande justesse. A l'exemple de dame Nature faisant converger ses agents : l'air, la chaleur, la rosée, à l'épanouissement de la fleur, tout ce qui entoure l'enfant doit concourir à son heureux développement.

L'histoire des milieux remontant de la famille aux nations serait la synthèse morale de l'humanité entière.

Sans doute, l'enfant arrive au monde doué d'inclinations personnelles, soit qu'elles se rattachent à la loi d'atavisme, ou à tout autre source inconnue ; il n'en n'est pas moins vrai qu'il subit dans une large mesure l'atmosphère enveloppante du milieu.

Vous l'améliorerez de tout votre pouvoir, ma chère Marie, ce milieu où votre petite fille est appelée à grandir et à se former ; vous veillerez constamment à ce qu'aucune mauvaise influence ne puisse y pénétrer.

Puisque vous le désirez, je vais me figurer Renée déjà grande et capable de comprendre vos leçons.

Chaque individu est appelé à une tâche en rapport avec ses facultés et les conditions sociales dans lesquelles il se trouve placé; tâche presque toujours remplie de difficultés et de douleurs; mais aboutissant, au moment de la mort, à la plénitude d'une vie supérieure et immortelle.

Avec cette compréhension de la vie, tout plan d'éducation consiste à préparer nos enfants à vouloir et à savoir marcher, par les sentiers humains vers ce but.

Heureusement nos filles ne sont pas comme leurs frères, astreintes aux programmes scientifiques dont l'étendue menace d'envahir, de plus en plus, le terrain de la philosophie; pour elles, je l'espère, les études morales et religieuses resteront toujours placées au premier rang.

Chacun va répétant à l'envi qu'à notre époque, il y a disette de caractères; je ne sais jusqu'à quel point cette opinion est fondée; dans tous les cas, l'éducation manque, en général, de principes bien déterminés et solidement établis. Cela tient en partie à la manière incohérente et hâtive avec laquelle on veut improviser les individualités.

Rien de véritablement fort et puissant ne s'improvise. Dieu lui-même prépare longuement son œuvre. L'action de la nature est lente, longtemps humble et cachée, avant que les merveilles de la germination commencent à apparaître à la surface.

De même, les hommes dignes de ce nom, depuis ceux qui ont doté l'humanité d'idées fécondes, d'œuvres bienfaisantes, jusqu'aux modestes chefs de famille concients de leurs devoirs, tous se sont assimilé les éléments d'éducation mis à leur portée, par un long travail de réflexion et de volonté.

Les hommes et les choses que l'on chauffe à blanc répondent souvent d'une manière misérable à la folie des prétentions.

Une jeunesse studieuse, saine d'esprit et de corps, peut seule donner de véritables et bienfaisants résultats. Les réputations prématurées sont presque toujours éphémères. Ce sont souvent de brillants météores qui laissent peu de traces. Parfois même, ces manifestations trompeuses ressemblent aux pluies d'orages, lesquelles dévastent au lieu de fertiliser.

La femme a besoin d'autant de caractère que l'homme. Dans toutes les classes, dans toutes les positions, son action est et doit être efficace. Le temps des dithyrambes sur l'aimable légèreté, la grâce capricieuse des femmes est passé. Trop souvent la lutte pour la vie les appelle dans l'arène et il faut qu'elles aussi soient armées. Il le faut également pour l'ordinaire rôle de la mère de famille, qui n'est pas si simple qu'on peut le croire.

En évoquant l'histoire de nos temps modernes, aussi bien que celle des temps anciens, vous remarquerez presque toujours, auprès des hommes qui ont honoré ou honorent encore l'humanité, le profil d'une mère à l'esprit élevé et au cœur vaillant. N'est-ce pas la mère qui, plus que personne, concourt à former l'atmosphère morale dans la famille? Aussi l'éducation de la jeune fille ne saurait-elle provoquer trop de soins et d'étude.

Ce ne sera pas m'éloigner de mon sujet que de vous engager à éviter un bien-être excessif, lequel est toujours d'une mauvaise influence sur l'âme de l'enfant. L'indépendance est due, de prime abord, à la simplicité des besoins; et la modération en toutes choses donne lieu à nombre de vertus.

Toute éducation est œuvre difficile, ardue, assujettissante, mais remplie de noblesse et de fécondité. Si dans cette tâche l'institutrice étrangère à l'enfant trouve les jouissances les plus pures, quelles seront donc celles de la mère? Ce cœur qui palpite sous ses leçons, ne fait-il pas, pour ainsi dire, partie de son propre cœur? et toutes les fois qu'un noble sentiment agitera cette jeune âme, est-ce que l'âme maternelle ne frémira pas de la même émotion?...

Bénie soyez-vous, ma chère Marie, et bénies soient les mères qui, comme vous, comprennent toute la grandeur de leur mission, s'y préparent en réunissant toutes les puissances de leur esprit et toutes les tendresses de leur cœur pour l'accomplir.

LETTRE II

Ma chère Elise,

La semaine dernière, vous m'annonciez votre dernier succès aux examens pour le Brevet supérieur, aujourd'hui vous venez me consulter sur votre vocation, ce qui est autrement grave.

Vous vous sentez, me dites-vous, attirée vers la carrière de l'enseignement, mais d'un autre côté, vous trouvez celle-ci si haute, si grosse d'inquiétantes responsabilités, que vous hésitez à prendre un parti.

Ce doute de vous-même dont je connais l'extrême sincérité, et qui vous honore, a grandement sa raison d'être ; une compréhension exacte des rigoureux devoirs qui incombent à l'institutrice, ne peut produire d'autre résultat. D'ailleurs cette disposition est excellente, non seulement pour remplir les obligations de la tâche quotidienne, mais encore pour en surmonter les difficultés, car elle force sans cesse à réfléchir et à prévoir.

Les pauvres filles qui entrent dans l'instruction avec la seule idée de se faire une position, sont encore plus à plaindre qu'à blâmer. N'est-ce pas traîner le boulet du forçat que de subir les exigences, les fatigues et les ennuis de l'enseignement, sans avoir la conscience de sa mission et l'amour de l'enfance ?

Il n'en sera pas de même pour vous, ma chère

Elise, car la noblesse du but, malgré vos craintes d'insuffisance, provoque votre courage et votre ardeur.

La mission d'une institutrice digne de ce nom est un humble mais véritable sacerdoce. N'a-t-elle pas charge d'âmes ? Si sa vie ne peut être exempte des infirmités et des fluctuations de l'esprit et du cœur, du moins, les orages des passions lui seront épargnés ; car, de toute nécessité, son caractère devra s'élever au dessus de la médiocrité morale. Il faut qu'elle sache profiter de ses fautes mêmes pour renouveler ses intentions. Elle devra surtout concentrer la plus grande partie de ses efforts sur un point, lequel est la pierre de touche de toute vocation où le dévouement joue le premier rôle : sortir de soi-même.

Ne vous effrayez pas, Elise, Dieu ne demande pas que nous obtenions un tel résultat en un jour, il demande seulement la bonne volonté et la constance des efforts vers ce but.

Examinons maintenant si rien en vous ne semble s'opposer à ce projet d'avenir.

Je vous connais depuis l'enfance, vous possédez une droiture naturelle unie aux délicatesses des instincts purs. Votre esprit, trop prompt, est sain et pénétrant. J'en ai la conviction, vos défauts ne sont pas de ceux qui peuvent mettre de sérieux obstacles à vos désirs. En outre, un goût prononcé de l'étude et certaine facilité pour enseigner, se sont toujours fait remarquer en vous.

Cet ensemble me paraît indiquer au moins

une bonne préparation à la vocation qui nous occupe.

La vocation ! Les uns l'acclament, les autres la nient. Qu'est-elle, après tout, sinon une tendance de nos facultés et de notre volonté vers un genre particulier ? C'est une grande clairvoyance chez les parents de savoir la découvrir dans leurs enfants ; et un vrai mérite, de la guider habilement, sans en gêner le mouvement, à travers les idées fausses et les illusions qui pourraient en compromettre les résultats.

Pour nous autres chrétiens, la vocation émane de Dieu même ; dans cette croyance, nous puisons un sentiment de sécurité et de force. N'est-ce pas la Providence qui éclaire les chemins aux cœurs confiants ?

Souvenez-vous que le plus grand ennemi des tâches élevées est l'orgueil, car il aspire à remplacer la simplicité qui seule constitue toute véritable puissance, par une idée prépondérante de sa propre excellence ; au contraire, l'éducatrice doit être convaincue, en toute loyauté de conscience, qu'elle n'est qu'un instrument intelligent et libre du bien.

Cette crainte d'un orgueil aveugle vous paraîtra sans doute excessive, mais, croyez-moi, ce qui semble absurde en théorie, peut parfois, en pratique, se glisser à notre insu dans le cœur ; et la suffisance en éducation conduit à une impuissance radicale.

Ma chère Elise, accueillez avec joie la pensée de

vous dévouer à l'enseignement de la jeunesse. Vos parents, tout en vous laissant l'initiative, sourient à cette perspective; c'est pour moi la meilleure des approbations, celle que Dieu bénit.

L'année que vous allez passer à la maison paternelle avant d'entrer dans un établissement d'éducation, au titre de maitresse-adjointe, doit être pour vous une sorte de noviciat, de préparation morale. Pour cela, il faudra veiller à vous assimiler les courants les plus purs. Travaillez sans cesse à élever votre âme, sachant bien que la responsabilité croît selon la puissance d'expansion. Souvenez-vous que tout ce qui émanera de vous, bon ou mauvais, sera absorbé par la plupart des jeunes enfants qui vous entoureront. Combien cette conviction devra vous rendre précautionneuse dans vos paroles, dans vos actes et même dans vos pensées, lesquelles l'intuition enfantine saura saisir avec une finesse inconsciente peut-être, mais réelle. « Comment, interrogeait quelqu'un de ma connaissance, sans avoir l'air de chercher vos phrases, ne dites-vous jamais que ce qui convient ? » La personne interpellée répondit : « Sans doute, parce que je m'efforce de ne penser que ce qui est juste. »

Tout en vous doit respirer la loyauté, la pureté d'intention, l'élévation ; vos fautes elles-mêmes ne devront jamais contracter la moindre apparence de bassesse.

C'est par cette courageuse discipline que vous deviendrez apte à établir autour de vous ce qu'il y a de plus haut sur terre : une saine atmosphère morale. Alors vous vous sentirez imprégnée de cette maternité qui, pour n'être ni celle du sang, ni celle du cœur, n'en a pas moins de dévouement, avec plus de lumière et d'indépendance.

Je n'ajouterai qu'un seul mot, sur lequel, je le sais, je n'ai pas besoin d'appuyer : Priez... et, en avant! avec la confiance remplie de force et de douceur que Dieu donne aux cœurs de bonne volonté.

LETTRE III

Ma chère Laurence,

Une joyeuse animation respire du commencement à la fin dans votre lettre : jamais, en m'écrivant, votre plume n'a couru d'une manière si preste et si joyeuse sur le papier : votre bébé, après avoir surmonté les petites maladies de l'enfance, pousse comme un champignon, court comme une biche, et, ce qui est autrement merveilleux, jase et rit avec intelligence ; jusqu'à ses amusantes colères, jusqu'à ses entêtements prolongés, qui pronostiquent la supériorité future de cette bambine de trois ans. Et sur cet inépuisable thème, vous partez, noircissant huit pages.

Je ne doute nullement que votre Élisabeth ne soit bien douée, qu'elle n'annonce de la vivacité, une mémoire heureuse, une compréhension au-dessus de son âge ; mais tous ces avantages doivent vous engager à veiller sur votre attitude envers elle.

Pardonnez-moi de jeter un peu d'eau froide sur votre enthousiasme, ma chère Laurence, mais ma prévoyante amitié, qui désire si vivement le bonheur de la mère et de l'enfant, ne peut oublier ce qu'il faut pour obtenir ce bonheur et le rendre durable.

J'ai noté le mot « amusantes colères ». Trop souvent les parents ne voient dans les premières manifestations, bonnes ou mauvaises, de la volonté chez le petit enfant, que matière à amusement. « Il est si jeune, disent-ils. » Ma chère Laurence, je serais désolée de vous voir entrer dans cette voie dangereuse. Songez-y, Dieu vous a donné en dépôt une créature humaine et non un jouet. Dès les premières années de l'enfant, le respect des siens doit l'entourer. Cela vous étonne peut-être ? La chétive créature n'a-t-elle pas une âme ? et qu'y a-t-il de plus digne de respect ici-bas ?

Le docteur vous recommande de sortir Elisabeth autant que possible, chaque jour, sans trop vous préoccuper des changements de température ; je suis pleinement de son avis ; de plus, je considère la vie au grand air tout aussi favorable au développement moral qu'au développement physique. Une âme saine dans un corps sain sera toujours ce qu'il y a de meilleur au monde. La lumière, la vue du ciel, des arbres, des fleurs, provoquent dans cet esprit naissant mille sensations exquises. Vous voyez ce petit être, même avant de pouvoir parler, exprimer par le rire et les gazouillements joyeux, le bien-être qu'il éprouve à se sentir dehors. Faites remarquer à votre fille les papillons, les insectes, tous les jolis animaux qui peuplent votre jardin ; apprenez-lui à ne jamais toucher à ceux qui sont petits ou frêles, et à caresser ceux-là seulement qui sont inoffensifs. Les parents qui livrent à d'inconscients enfants de petites bêtes à torturer, prouvent qu'ils n'ont eux-mêmes ni justice, ni bonté.

Vous chantez, Laurence, sans doute, vous n'avez pas oublié les rondes de la pension et les jolies berceuses du premier âge ? Chantez-les à votre petite fille, entourez-la de grâce et de gaieté. Provoquez son rire si frais, que vos baisers lui apprennent toutes les douceurs de l'amour maternel. Ces gâteries-là sont saines, excellentes ; ne faut-il pas ouater de joie le nid du petit oiseau ?

Mais lorsque petite Elisabeth se fâche, s'entête, devient aussi désagréable que possible, ne riez pas, Laurence, au contraire, devenez grave, très grave, et ne cédez ni à la colère, ni aux larmes. La première s'apaisera vite ; les secondes, si, chose rare, il en coule sur les petites joues roses, ne seront dans tous les cas que cette pluie d'avril qui avive les fleurs.

Un conseil d'hygiène physique peut trouver sa place ici : après une crise de colère, je vous conseille de mettre Elisabeth au lit ; rien ne peut mieux la reposer et achever de calmer son agitation.

Soyez heureuse, ma chère Laurence, des dons que Dieu a départis à la chère créature ; jouissez de ses caresses, de ses précoces gentillesses, mais souvenez-vous de l'aimer pour elle-même.

La large aisance dont vous jouissez vous permet de vous occuper presque entièrement d'Elisabeth. C'est un grand bonheur. Je plains les mères que les besoins journaliers, ou toute autre tâche, enlèvent au devoir maternel de la première éducation. Si les jeunes mères des classes riches comprenaient mieux la responsabilité qui leur incombe, elles abandonneraient moins souvent ces petites créatures, si susceptibles de subir les premières impressions, à des domestiques inexpérimentées, souvent insouciantes et parfois vicieuses ; dans tous les cas, incapables de l'affection et de l'habileté indispensables pour diriger l'enfance.

Un écueil tout contraire attend parfois la jeune femme la plus désireuse de bien faire. Plus d'une, dans un enthousiasme irréfléchi de nouvelle maman, se consacre exclusivement au petit être qui lui doit la vie. Il n'existe plus pour elle ni mari, ni parents, ni rapports sociaux. C'est un tort presque égal à l'autre ; une sage mesure doit régler l'expansion de nos sentiments les plus légitimes. Prenez garde de tomber dans ce travers, ma chère Laurence ; puisse votre mari vous trouver toujours disposée à l'écouter ; sachez lui réserver sa part d'intimité domestique ; que vos bons parents ne remarquent jamais la moindre altération dans vos soins, dans vos visites, dans votre tendresse ; et tâchez de sauver quelques heures pour les relations de société. Tout cela se peut, mais il faut savoir organiser l'emploi de ses journées.

Je résume ces quelques avis, ma chère Laurence, en vous disant : commencez dès maintenant à imposer à votre petite enfant cette facile discipline qui consiste en partie dans la sévérité de regard, la privation du sourire et des douces appellations. Elisabeth saisira vite ces nuances, soyez-en persuadée ; j'ai vu un enfant de dix mois dont le regard possédait déjà quelque chose de très pénétrant. Croyez-moi, l'expression de votre physionomie, suivant qu'elle exprimera le blâme ou l'approbation, initiera promptement votre petite fille aux avantages du bien et aux inconvénients du mal.

LETTRE IV

Ma chère Amélie,

« Quel malheur d'être si éloignée de vous ! j'aurais tant besoin de vos bons conseils. »

Cette première phrase de votre lettre me touche vivement ; vous le savez, je suis toujours disposée à mettre à votre service l'expérience acquise pendant mes longues années d'enseignement.

« Jeanne continuez-vous, est impétueuse, volontaire, ardente et égoïste. Si, déjà, à cinq ans, on éprouve une grande difficulté à la gouverner, que sera-ce plus tard ? Elle possède une magnifique

santé ; pour lui plaire, il faudrait être continuellement dehors ; cette enfant ne rêve que courses
et amusements bruyants. A grand'peine, je puis
la retenir quelques instants près de son frère.
Hélas ! impossible à mon pauvre André de suivre
sa sœur en ses ébats ; ses jambes, toujours molles,
ne peuvent franchir que de courtes distances ;
alors Jeanne trépignant .d'impatience, devient de
mauvaise humeur. Chère Mademoiselle, je crains
que le cœur de ma fille ne soit pas à la hauteur de
son intelligence ; cependant, je dois ajouter qu'elle
paraît sensible aux souffrances d'autrui, même à
celle des animaux, mais l'étourderie reprend bientôt le dessus. Mon mari a beau rire de mes craintes, cela ne me rassure pas. »

Votre mari a raison, ma chère Amélie, comment voulez-vous qu'une enfant de cinq ans sache
sacrifier ses plaisirs et se dévouer ? Cette fillette,
d'une santé superbe, éprouve un besoin d'exubérance qui nécessite impérieusement l'activité, le
mouvement ; votre petit garçon, faible et souffrant, entrave les sorties au grand air, ce qui
donne lieu à des contrariétés. Rassurez-vous, il y
a de l'étoffe dans votre petite fille, attendez tout du
temps et de vos bons soins. La patience, ma chère
Amélie, est non seulement la grande science de la
vie, mais elle est surtout celle de l'éducation.

Je regrette que l'éloignement de la pension
vous empêche d'envoyer, dès cette année, Jeanne
à l'école ; là, entourée de compagnes, sollicitée
par l'émulation, ses facultés naissantes, et déjà

riches, trouveraient leur emploi ; mais je comprends vos raisons.

Voyons donc ce qu'il reste à faire.

Vous possédez un petit jardin, ressource précieuse, fort rare dans une grande ville. Habillez votre fille de vêtements très simples et laissez-la jouer en toute liberté, sans trop gronder pour les inévitables petits accidents ; mais aux heures des courtes leçons, heures autant que possible régulières, exigez l'attention, sans reculer, pour l'obtenir, après avoir épuisé l'encouragement et le blâme, devant la punition. Il est temps de donner à Jeanne les premières notions pratiques du devoir.

La leçon finie, renvoyez-la au jeu. Il sera bon de la rappeler de temps à autre pour un léger service à rendre, soit à vous, soit à son frère, lequel service sera toujours de courte durée. Donnez à André un livre d'images, apprenez-lui quelque jeu capable d'intéresser la remuante fillette ; ainsi vous finirez par l'attirer près du fauteuil du petit malade et l'affection bientôt l'y retiendra. N'oubliez pas que la femme possède en elle le germe généreux du dévouement ; il suffit, pour hâter l'éclosion de la précieuse plante, d'une atmosphère favorable.

Je le sais, plus sage que beaucoup de jeunes mères, vous ne ferez de vos enfants, ni des idoles, ni des tyrans. Disciplinez-les avec une fermeté douce, efforcez-vous d'avoir le calme dans l'affection autant que la volonté dans l'action. Sans les perdre de vue, n'entravez jamais, à moins d'utilité, la volonté naissante de vos enfants, afin qu'ils puissent se développer librement sous vos yeux ; dans les petites difficultés, habituez-les, en encourageant leurs essais d'initiative, à se tirer d'affaire eux-mêmes.

Laissez votre fille bien portante, autant que possible se servir elle-même, tout en préconisant l'excellence de l'aide mutuelle. Ayant continuellement besoin de vous, Jeanne finira par constater son état de dépendance forcée, alors, elle deviendra plus accessible aux observations et aux conseils.

Le grand moyen, il paraît, de tenir la petite tranquille toute une soirée, c'est de lui raconter un conte. Eh bien ! ma chère Amélie, racontez-lui ceux de Perrault et de ses émules ; inventez-en d'autres, ce seront les meilleurs. Le petit frère, il me semble, doit les aimer également ! Certaines personnes, très sensées, dit-on, blâment l'emploi des contes dans les récréations enfantines, sous prétexte qu'il y a danger d'inculquer des notions fausses dans ces jeunes esprits ; vous m'avouerez que c'est pousser fort loin l'amour du rationalisme. Est-ce que, dans notre enfance, nous croyions à l'existence des fées et des lutins ? Et pourtant quel frisson de joie nous agitait quand la mère, ou l'aïeule, ou la tante commençait le bienheureux : « Il y avait une fois. » N'est-ce pas la première initiation de l'enfant au pays inconnu... des chimères, j'y consens, mais quel charme dans ces voyages magiques de l'imagination ! Et n'est-il pas facile de jeter dans ces récits des semences de morale ? Dites donc sans crainte des contes à vos enfants ; introduisez-les vous-même en pays bleu ; plus tard, vous ne manquerez pas d'occasions pour les ramener au réel du terre-à-terre. La raison et la logique sont les plus respectables personnes du monde, mais chaque chose doit venir en sa saison ; la connaissance prématurée de la prose de la vie enlève aux enfants le parfum de candeur et d'ignorance qui, mieux que toute autre armure, les défend de la tristesse des précoces désillusions.

Ces jours derniers, je me trouvais en visite chez Madame A., femme d'un employé supérieur de la Préfecture, lorsque cinq minutes après mon arrivée, cette dame sonna pour qu'on amenât les enfants. Bientôt, nous vîmes paraître deux jolies petites filles pomponnées à la dernière mode ; l'aînée un peu plus âgée que votre Jeanne ; saluts, correction parfaite dans la tenue comme à dix-huit ans ; quand, un temps écoulé, je risquai la motion que ces fillettes seraient heureuses de retourner à leurs jeux, la mère s'empressa de nous assurer qu'elles aimaient beaucoup à entendre parler les grandes personnes et pouvaient rester une heure au salon sans s'ennuyer le moins du monde. Ne trouvez-vous pas cela superbe ? Pauvres chéries ! que l'engrenage d'un monde de convention prend à l'heure où elles ne devraient connaître que la liberté des joyeux ébats.

Ma chère Amélie, je vous l'avoue, votre Jeanne, sincère jusqu'à la brusquerie, vive, volontaire, ardente au jeu, avec des éclairs de sensibilité par ci, par là, me plaît fort. Vous verrez plus tard cette riche nature s'apaiser sous la dicipline de l'école, sa volonté s'affermir dans le bien, et son cœur s'ouvrir à la chaleur du foyer domestique.

LETTRE V

Mademoiselle,

Vous allez débuter dans la carrière de l'enseignement par la direction d'une classe de jeunes enfants de cinq à sept ans, et, au moment d'entrer en fonctions, vous me faites l'honneur de recourir à mes conseils. Je veux essayer de répondre à cette confiance en mettant à votre disposition le résultat d'une longue expérience.

Seule, une atmosphère de douceur et de bonté convient à cet âge. En quittant le nid maternel, si chaud et si douillet, il faut que la chère petite fille retrouve à l'école une extrême bienveillance, capable de lui rappeler l'affection et l'indulgence de la famille. Entrez en classe avec un sourire de bienvenue sur les lèvres. Dites quelques mots d'encouragement. Il est facile d'ouvrir ces jeunes cœurs aux bons sentiments ; si la direction d'une classe de petits enfants demande beaucoup de tact et dévouement, la maîtresse est promptement récompensée de ce qu'elle donne.

Pendant mes nombreuses années de direction, j'éprouvais, aux compte-rendus du samedi, un véritable plaisir à visiter la classe enfantine. Mon esprit se rasséérénait, mon cœur s'allégeait à la vue de ces regards candides, de ces sourires confiants. Aimez vos petites filles, aimez-les beaucoup, voilà la première préparation pour réussir ; car, croyez-le bien, l'enfant est perspicace et ne s'y trompera pas.

Il est un écueil que je dois vous signaler ; on croit trop facilement qu'une classe élémentaire est facile à faire et ne demande aucune préparation. Grave erreur que je serai heureuse de contribuer à vous faire éviter. Pour trouver le langage qui convient à de si jeunes élèves, il faut y réfléchir ; croyez-moi, préparez dès la veille, au moins dans votre esprit, les petites notions d'histoire et les leçons de choses que vous devrez enseigner le lendemain. Vous tenez dans votre main la compréhension des premiers principes d'instruction, ce n'est pas une si mince affaire. La pédagogie est une science où la finesse intuitive et le savoir-faire jouent un grand rôle. Cette science est plus rare dans le professorat qu'on ne le suppose. Cependant il vous faut l'acquérir. Souvenez-vous de donner à votre enseignement une grande variété, ainsi qu'une animation remplie d'attrait.

Si l'instruction demande de tels soins, l'éducation en réclame de plus grands encore.

Dans une école, l'essai de discipline morale ne peut guère se particulariser, surtout à l'âge qui nous occupe, cependant quelques mots de réprimande ou d'encouragement formulés à part peuvent avoir, suivant les circonstances, un côté favorable.

A l'atmosphère imprégnée de sollicitude, à l'entrain des leçons, il faut ajouter le tact dans la manière d'imposer les punitions et de décerner les récompenses. Une bonne institutrice punit peu, et toujours avec discernement. Bien que certains caractères semblent en avoir besoin, je n'aime guère les châtiments où l'humiliation joue le principal rôle. Ils provoquent souvent plus d'amertume que de contrition. Je préfère les récompenses. Celles qui rentrent dans le règlement, c'est-à-dire : les bons points et les billets de satisfaction du samedi, sont les meilleures. Lorsque, grâce à vous, la conscience sera éveillée chez vos jeunes élèves, vous pourrez vous contenter de celles-là, mais en attendant vous ferez bien d'y ajouter les images, les jouets, même les bonbons, mais plus rarement. Je préfère qu'à l'occasion, ces derniers soient donnés bénévolement sans y attacher une idée de récompense.

Faites à vos enfants de courtes leçons de morale sur les défauts et les qualités usuelles, dans un langage familier dont elles puissent comprendre facilement les termes. Saisissez toutes les occasions de leur inculquer une notion du bien ; les très jeunes esprits saisissent beaucoup plus de choses qu'on ne le croit généralement.

Mademoiselle, c'est par la pratique, et par l'étude des caractères qui vous entourent, que vous apprendrez la meilleure manière de diriger vos élèves. Vous acquerrez ainsi, grâce à un dévouement de tous les instants, le mérite très grand, soyez-en persuadée, d'avoir préparé des intelligences enfantines, non-seulement à s'ouvrir aux premières clartés du savoir, mais encore à s'en assimiler les éléments. Et chose plus importante encore, vous aurez donné aux petites âmes qui vous sont confiées le goût du bien et la première initiation à l'effort.

LETTRE VI

Ma chère Octavie,

Vraiment, il est merveilleux, j'en conviens, qu'à sept ans à peine, votre petite enfant sache tant de choses : « Odette, dites-vous, lit bien, écrit déjà joliment, sa mémoire surtout est prodigieuse ; elle récite avec facilité des pages entières de nos meilleurs poètes ; connaît fort bien la géographie physique de la France ; celle de l'Europe lui sera bientôt familière ; l'histoire la charme ; elle comprend tout, saisit tout ; ses maîtresses en sont dans l'admiration ; aussi, nous venons de prendre la décision, mon mari et moi, de la faire entrer à Pâques chez Mlle Forgues, où les études sont très fortes. Dans sa pension actuelle, la chère petite perdrait bientôt son temps. Je suis persuadée qu'elle aura aussi d'étonnantes dispositions pour la musique, nous avons commencé le piano depuis un mois, déjà elle me ravit par son application et ses progrès. »

Savez-vous, ma chère Octavie, où il faut envoyer Odette? Chez sa tante, aux Roseraies. Voici le beau temps, c'est le vrai moment d'aller à la campagne. Surtout ne mettez dans le bagage de l'enfant ni livres de classe, ni cahiers à devoirs. Que sa seule occupation soit de vivre au grand air, de se rouler sur l'herbe avec le bon Pataud ; de se promener avec la chèvre ; de courir, de jouer, de sauter ; enfin de donner à ses jeunes muscles l'exercice qui leur convient, en laissant reposer cette pauvre petite tête qui bientôt n'en pourrait mais... et que, pardonnez-moi ce mot cruel mais nécessaire, pourrait visiter l'impitoyable méningite.

Avez-vous remarqué les plantes chauffées en serre, lorsqu'une fois sorties de chez le jardinier vous les mettez à l'air ordinaire dans votre salon ou votre chambre ? Au bout de quelques jours, elles s'affaiblissent, manquent de sève ; les fleurs se décolorent, s'effeuillent. Elles ont été forcées, comme on dit. Méditez là-dessus, ma chère fille, ainsi que sur le proverbe si sage que je veux vous citer :

Chaque chose en sa saison

Jusqu'ici, mon Octavie, vous avez suivi les conseils de ma vieille expérience et ne vous en êtes pas mal trouvée ; suivez encore celui-ci, croyez-moi, que votre vanité de jeune mère fasse silence. Au lieu d'activer la flamme de ce jeune esprit par une satisfaction dont l'expression éclate à votre insu, peut-être, sur votre visage ; au lieu d'animer la volonté, de la diriger vers l'étude par votre approbation , faites le contraire : provoquez Odette au jeu, à la distraction, procurez-lui de joyeuses petites compagnes capables de l'entraîner dans leur tourbillon ; et ramenez-la ainsi aux habitudes de la première enfance.

Vous me direz sans doute : « Mais c'est elle-même qui s'entraîne toute seule ; son intelligence, déjà éveillée, cherche à se rendre compte de tout. » Alors, raison de plus, je le répète, envoyez-la à la campagne.

Aux Roseraies, pas de compagnes de classe pour provoquer l'émulation ; pas d'auditeurs complaisants ; tante Rival, je la connais, ne prendra pas au sérieux une savante de sept ans ; alors, Odette redeviendra enfant et oubliera vite sa trop précoce sciencette.

Vous allez me trouver dure ? voyons, ma chère Octavie, raisonnons un peu.

Certes, je me réjouis lorsqu'une enfant montre de bonne heure d'heureuses dispositions pour l'étude ; je dis d'heureuses, notez bien, et non d'extraordinaires ; ce qui est extraordinaire sort de l'équilibre, de l'harmonie ; à part le génie, lequel est un don rare, ce qui est extraordinaire est rarement bienfaisant, et donne lieu souvent à des lacunes au moral ou au physique, plus regrettables que ne peut comporter d'avantages le don lui-même. Un parfait équilibre entre les facultés de l'esprit et les forces du corps, procure la santé à l'un et à l'autre, ce qui est le plus désirable de tous les biens.

Ne craignez rien ; en retardant sagement les fatigues trop hâtives du cerveau, vous ne nuirez nullement à l'instruction de votre fille, au contraire ; si je n'aime pas les petits prodiges, si mon cœur éprouve pour eux une grande pitié, en revanche, j'aime beaucoup les jeunes filles instruites, ayant du sérieux dans l'esprit, lorsque ce sérieux ne nuit en rien à la gaieté et à l'amabilité ordinaires de la jeunesse. Plus tard, l'intelligence de votre Odette, servie par de vigoureux agents, se rendra, sans fatigue cérébrale, maîtresse de tous les genres d'études qui constituent une bonne instruction trempée d'une éducation réelle.

Et la santé de votre jeune enfant n'en souffrira pas ; et son enfance ne sera pas déflorée par des idées prématurées d'un autre âge.

Ah ! ma chère Octavie, ne laissons jamais de côté cette chère raison qui nous rend tant de services lorsque nous voulons bien la consulter.

Dieu et la vie nous demandent surtout des êtres sains, des êtres forts, capables de porter sans fléchir le noble joug du devoir.

LETTRE VII

Ma chère Anna,

Je commence par copier le second paragraphe de votre lettre : « Alice, dites-vous, est d'une légèreté sans pareille, j'en suis désolée, rien ne peut la fixer : un vrai papillon. Elle ne sait rien, ou presque rien ; songez, à huit ans !…Cependant, cette linotte ne manque pas d'intelligence, mais on dirait que le mouvement perpétuel s'est incarné dans sa petite personne. D'un autre côté, son caractère n'est pas difficile, et son cœur est excellent. Chaque jour, elle prend les meilleures résolutions, mais autant en emporte le vent. »

Vous souvenez-vous, ma chère, du temps où, même en première classe, vos maîtresses me disaient : « Il est impossible à Anna de rester tranquille : avec ses bras et ses pieds toujours en mouvement, elle soumet ses voisines à une rude épreuve. Cependant, elle écoute, et qui mieux est, retient fort bien. » Quand votre fille tiendrait un peu de sa maman, qu'y aurait-il d'étonnant à cela ? Vous me répondrez sans doute : « Oui, mais moi, j'apprenais, du moins. » Réflexion juste, vous étiez même une excellente élève. J'ai eu en qualité de pensionnaire une de vos compagnes en légèreté, je puis dire votre supérieure sous ce rapport, car elle eût donné raison à l'irrévérencieux proverbe : « plus légère que la plume » ; ses progrès furent longtemps médiocres ; cependant, aux cours supérieurs, notre étourdie prit rang parmi les premières ; aujourd'hui c'est une femme charmante, d'une réelle valeur. Ne vous désolez donc pas, puisque votre Alice est intelligente, je ne vois pas matière à s'inquiéter sérieusement.

Je l'avoue cependant, la légèreté, vraiment caractérisée, est un défaut qui demande souvent de longues années de soins avant que l'amélioration se fasse jour. C'est peut-être celui qui procure le plus de fatigue morale à l'éducatrice en lui faisant friser le découragement.

Tout semble glisser sur ce caractère ondoyant où l'on n'aperçoit de prise nulle part. Combien de fois il vous arrivera, ma chère Anna, de reconnaître votre insuffisance à ce sujet. Souvent, vous croirez toutes vos peines perdues en ne voyant aucun résultat appréciable. Alors, il faut simplement s'en remettre à la Providence, et attendre... Temps et patience font bonne besogne quand Dieu aide ; vous saurez le mettre dans vos intérêts. A la longue, l'humus se forme, s'engraisse, se nourrit des offrandes journalières ; et quelque jour, plus tôt que vous ne le croyez, tous les précieux germes déposés ainsi dans son sein fleuriront et donneront des fruits.

Pratiquement parlant, voici ce que je ferais, ma chère fille.

Au retour de la pension, après quelque temps de repos, j'exigerais, sans qu'il y eût moyen de s'y dérober, l'étude des leçons pour le lendemain ; lesquelles leçons j'aurais soin d'expliquer. Ensuite je tâcherais, par une histoire racontée ou lue, et toujours à sa portée, de l'intéresser pendant qu'elle s'occuperait d'un travail à l'aiguille ! Vous passerez bon nombre de légèretés, ne retenant que les plus graves. Tâchez de saisir toutes les opportunités favorables pour provoquer chez votre enfant le travail de la réflexion.

La promenade à travers champs offrira d'intéressants thèmes à vos conversations. Du reste, le livre, les récits des actes de courage et de dévouement, tout peut servir de thèse et concourir au même but. Il ne faut pas négliger non plus de lui représenter, à l'occasion, l'ennui où sa légèreté l'a entraînée. Enfin, ma chère Anna, que vous dirais-je ? sollicitez sans cesse les bons instincts chez cette petite personnalité. Ils sont enfouis encore sous les gangues et ne peuvent que se développer lentement, mais sûrement, sous le souffle de votre maternelle et intelligente affection, surtout lorsqu'à son heure, vous pourrez faire vibrer la fibre religieuse dans cette jeune âme.

LETTRE VIII

Ma chère Louise,

Profitant des loisirs que vous fait la bonté d'une excellente tante, qui veut bien se charger de la direction de votre maison, vous aviez pris la résolution d'instruire vous-même vos filles, mais voilà qu'il se trouve qu'ayant affaire à des natures réfractaires au travail, après plusieurs années de lutte et de soins, vous commencez à vous décourager.

J'ai lu attentivement votre lettre, et je me rends compte de la différence existant entre les caractères de vos deux filles. Je crois Clarisse réellement apathique, car elle paraît aimer le repos avant tout. L'idée même d'un plaisir désiré suffit à peine à l'émouvoir. Elle se porte bien, alors décidément il y a paresse et non langueur.

En ce qui concerne Julia, je constate surtout une grande répulsion à faire ce qui l'ennuie ; pour les choses qui lui plaisent, elle retrouve de l'activité, même de l'ardeur.

Voici deux cas dans lesquels il est urgent que le professeur vienne en aide à l'éducatrice en donnant de l'intérêt aux leçons. Un enseignement sous forme alerte et aimable finit par entraîner les natures les plus molles et les plus endormies. D'abord, il est vrai, on obtient seulement des résultats momentanés, lesquels ne prendront une réelle consistance que sous l'influence d'un goût naissant pour l'étude.

Je vais vous faire de la peine, ma chère fille, cependant je ne puis taire une opinion que je sais fondée. Vous êtes très instruite et très intelligente, malgré cela, croyez-moi, jamais vous ne pourrez remplacer, pour l'ensemble des résultats, les avantages de l'instruction publique.

Je la préfère à peu près dans tous les cas ; pour celui qui nous occupe, je la crois indispensable.

Je sais quel crève-cœur ce sera pour vous de vous soumettre à cette nécessité ; vous aviez rêvé que vos filles vous devraient tout... mais je sais aussi que vous saurez sacrifier à leurs intérêts vos plus légitimes désirs. Réfléchissez aux considérations suivantes, et si, comme je l'espère, vous en comprenez l'opportunité, je vous conseille d'agir dans ce sens au plus tôt. Les grands sacrifices, ma chère fille, doivent se faire résolument et vivement, une fois leur utilité reconnue.

Malgré votre réel talent de professeur, il vous est impossible de suppléer à l'animation de l'école et aux bienfaits de l'émulation. Vous me dites vous-même que votre aînée s'ennuie, sans avoir pour cela le courage de se mettre au travail. À cette intelligence engourdie, il manque un stimulant ; sa sœur, au contraire, possède une vive imagination, mais elle n'éprouve aucun goût pour les beautés abstraites de l'arithmétique et des sciences. L'école lui offrira le mouvement qui manque à sa nature, et mettra un frein salutaire à ce goût passionné de la lecture dont vous craignez les inconvénients.

Il me semble que vous m'avez parlé d'un externat situé dans votre quartier, dont vous estimez la directrice. En y envoyant vos filles trois heures le matin et trois heures l'après-midi, vous aurez tout le temps nécessaire pour surveiller leurs études, les aider et surtout continuer votre plan d'éducation.

L'enfant aime le changement ; vos jeunes

élèves, après trois heures d'absence, reviendront avec plus de plaisir vers vous. Elles auront mille détails à vous raconter, et votre action sur elles, plus restreinte, tant qu'au temps, n'en sera que plus efficace sous les autres rapports.

Vous allez mûrir ces réflexions, ma chère Louise, je les livre avec confiance à votre sollicitude maternelle.

Clarisse a atteint sa dixième année, vous commencez à la préparer à l'acte religieux de la première Communion. J'en suis persuadée, votre foi profonde et éclairée agira sur l'enfant; vous verrez sa conscience s'éveiller, alors, le moment sera propice pour vous efforcer de lui inculquer les premières notions de la responsabilité du temps. Jour par jour, en profitant de toute occasion, vous essaierez de lui faire comprendre que nous aurons à répondre à Dieu de chaque heure de notre existence.

Si tant d'êtres humains semblent agir sans loi ni boussole, sous l'impulsion puérile ou fâcheuse de mouvements déréglés, c'est qu'ils n'éprouvent, en aucune façon, l'influence du sentiment de la responsabilité sous les formes diverses d'où découlent les principes directeurs de la vie.

Combien de facultés, de richesses, de forces, sans compter le temps, sont perdues dans le gaspillage du décousu? dans la confusion d'idées bonnes ou mauvaises qui composent une individualité sans caractère? non-seulement pour soi, mais encore pour la société!

Revenons à nos chères petites.

Une qualité précieuse de votre aînée peut vous venir en aide, elle a, me dites-vous, des aptitudes pour l'ordre : Clarisse gronde lorsque sa sœur, moins bien douée sous ce rapport, dérange ses affaires. L'ordre entraîne ordinairement l'exactitude à sa suite, et mesurer le temps est un premier pas pour apprendre à le bien remplir.

Laissez-moi vous rappeler, en finissant, l'ancienne habitude de la pension : l'examen hebdomadaire du samedi. Toujours je l'ai vu produire les meilleurs résultats. Prenez l'habitude de cette revue. Vos fillettes retremperont leurs bonnes résolutions dans cette causerie amicale, et leur mémoire, sollicitée par le souvenir des fautes et des pertes de temps de la semaine, en conservera, à la longue, une empreinte durable qui agira sur la volonté.

LETTRE IX

Ma chère Lucie,

Vous n'êtes pas de ces mères qui s'illusionnent sur le compte de leurs enfants, vous voyez votre fille comme elle est, et certes, le portrait n'est pas flatté : « Intelligence ordinaire, peu de goût pour s'instruire, penchant prononcé à la gourmandise et au mensonge : voilà ma fille. Si vous voulez connaître les soi-disant bons côtés : jolie figure et adresse des mains. »

Allons, allons, en nous expliquant, nous verrons peut-être les choses sous un meilleur jour. D'abord, il ne faut pas oublier que Raymonde n'a que huit ans. A cet âge, il est rare que l'intelligence soit complètement développée; de plus, votre fille suit dans un bon rang les cours des enfants de son âge. Pour vous dire toute ma pensée, je crains que vous ne soyez un peu exigeante. Esprit brillant vous-même, vous aviez rêvé que votre fille serait un phénix; et voilà que rien ne semble élever la chère enfant au-dessus de l'ordinaire. Un froissement de fierté maternelle doublé de l'amertume d'une déception, ne vous rend-il point parfois injuste?

Dieu vous a donné une petite créature faite à son image, pour la chérir, l'élever et la rendre digne d'espérances immortelles. Elle a reçu avec la vie, le plus grand des dons, celui devant lequel les autres sont de mince importance, une âme douée d'une volonté libre. Vous devez soigner cette dernière avec amour, en cherchant à la purifier et à l'agrandir, laissant pour le reste bonne marge aux leçons et au temps. L'enfant et la mère répondront seulement des dons reçus, et qui vous dit qu'il ne soit pas meilleur pour Raymonde que ses facultés se présentent médiocres que transcendantes?

Préfèrerons-nous notre jugement borné à la clairvoyance divine? Vous êtes chrétienne, ma chère fille, je suis persuadée qu'un peu de réflexion vous adoucira et bannira de votre cœur de mère un sentiment orgueilleux indigne de lui.

La petite est gourmande. Tous les bébés sont friands. Ne lui donnez pas de gâteaux pour récompense, mais ne l'en privez jamais autrement. Cette petite faiblesse se corrige d'elle-même, à mesure que l'enfant grandissant acquiert la compréhension de la dignité personnelle et s'initie à des jouissances plus élevées. Vous le voyez, je ne m'inquiète pas outre mesure de ce défaut dont, du reste, le traitement est facile. A l'occasion une légère moquerie provoquera la honte, parfois aussi un mot de grave blâme sur la bassesse de ce penchant, produira son effet; mais ce qui vaudra le mieux de tout, ce sera de lui suggérer de petits sacrifices de friandises en faveur d'enfants pauvres, sans les exiger pourtant.

L'habitude du mensonge est autrement grave et nécessite des soins particuliers.

Mais distinguons : il y a mensonge et mensonge; et je ne sais si vous n'avez pas quelque part dans ceux de Raymonde.

Je vous vois d'ici sauter au plafond... Est-il chose au monde que vous détestiez davantage ? Sans doute, je vais m'expliquer.

Lorsque, l'année dernière, j'eus le plaisir de vous voir, je remarquai avec peine que votre fille vous craignait extrêmement. Bien que la crainte de l'autorité soit, dit-on, le commencement de la sagesse, cette disposition peut entraîner de graves inconvénients. C'est sous l'empire de cette idée qu'avant de vous répondre sur le contenu de votre lettre, je vous ai priée de m'expliquer le genre des mensonges de votre fillette, en posant moi-même plusieurs questions. « Elle ne ment pas de prime-saut, me dites-vous, n'invente pas d'histoires, mais toujours à titre d'excuses. »

Je m'en doutais. Vous vous révoltez que Raymonde ne dise pas simplement : Oui, j'ai détaché cette pêche à l'espalier, au lieu de prétendre qu'elle l'a prise à terre ; vous voudriez qu'elle avouât avoir joué au lieu d'apprendre sa leçon, lorsqu'elle argue un grand mal de tête ; chose parfaitement fausse, etc. « Je ne puis avoir aucune confiance dans sa véracité, concluez-vous, et n'est-ce pas la chose la plus triste du monde ? »

J'en conviens, ma chère Lucie, mais voulez-vous me permettre de faire comme autrefois quelque peu votre examen. Vous reconnaissez que l'inclination de l'enfant pour le mensonge date d'une année. N'auriez-vous point reçu ses premiers aveux avec trop de sévérité ? Vous le savez, ma chère, en travaillant à l'éducation de nos enfants, nous devons souvent travailler à la nôtre. Pourquoi ne serait-ce pas pour éviter un blâme rigoureux que la petite, rebutée et devenue craintive, a cherché un refuge dans le mensonge ? Examinez, observez, sans parti pris, et vous arriverez à la découverte de la vérité.

Si je ne me suis pas trompée, la première chose à faire sera de vous efforcer de reconquérir la confiance de votre fille, en l'écoutant avec patience. Puis, vous la reprendrez avec douceur, avec bonté, et la ramènerez ainsi tout doucement vers vous. A votre insu, vous lui en avez voulu de n'être pas ce que vous aviez rêvé ; et ce sourd et injuste mécontement lui a voilé le véritable fond de votre affection maternelle ; détrompez-la par la plus tendre sollicitude.

Saisissez le premier symptôme de franchise pour la féliciter de sa véracité, tout en l'éclairant sur le plus ou moins de gravité de la faute commise. Dans toute occasion, vantez la loyauté, condamnez le mensonge, en lui expliquant combien ce dernier est méprisable. Rassurée sur votre affection, la petite laissera la conscience prendre le dessus de la crainte dans son âme encore pusillanime, alors la malheureuse habitude qui, à juste droit, vous exaspère, disparaîtra comme elle est venue, et vous retrouverez la vérité et la candeur d'autrefois dans votre chère enfant.

LETTRE X

Mademoiselle,

Sur les instances de la directrice, vous allez quitter votre charmante classe de bébés dans laquelle vous obtenez de si précieux résultats, pour une autre beaucoup moins agréable : celle des enfants de sept à dix ans. Je comprends vos regrets et m'y associe : tout en vous félicitant de répondre au nouvel appel fait à votre dévouement.

Mme Dorval, qui s'est rendu compte de vos qualités pédagogiques et de votre sérieux amour du devoir, vous donne une marque de confiance en vous appelant à ce poste difficile. La précédente maîtresse n'a pu réussir, il paraît, à établir une discipline indispensable au milieu d'une cinquantaine de remuantes petites têtes. Les commencements seront durs : mais vous verrez bientôt vos efforts couronnés de succès ; le passé répond de l'avenir.

Je ne vous dirai pas cette fois d'entrer en classe avec un sourire, au contraire ; une réforme à réaliser, aussi l'âge de vos élèves, vous imposent pour l'abord une apparence de froideur. Prenez possession de l'estrade avec un salut calme et silencieux, puis commencez immédiatement les leçons, qu'il faut toujours s'efforcer de rendre attrayantes. Tout en parlant, ne perdez pas de vue votre jeune auditoire. De temps à autre, une bonne note pour l'attention soutenue, une mauvaise pour la dissipation, même légère, produiront un effet salutaire. Vos ordres, ceci est de première nécessité, doivent être formulés d'une manière très nette, qui ne laisse aucune prise à la désobéissance. Les punitions données avec une grande mesure, devront être accomplies littéralement. Pas d'abandon jusqu'au moment où vous sentirez la discipline, non seulement établie, mais encore acceptée par la majorité de ces jeunes esprits déjà désireux d'échapper à l'autorité. Toute marque de condescendance de votre part devra toujours s'étayer d'une force reconnue ; l'enfant, de cet âge surtout, éprouve un mépris, parfois inconscient mais réel, pour la faiblesse du maître. Ceci n'enlève rien au bien venu de l'encouragement donné à point. Il est superflu d'ajouter que votre renom de justice doit être inattaquable. Les mieux douées de vos élèves tiendront vite à votre estime et seront fières de votre approbation : alors, le reste suivra la pente.

Un moyen qui n'est pas à dédaigner au début d'un nouveau professorat, c'est de frapper l'imagination des enfants par quelques leçons brillantes. Des notions d'histoire, de littérature, élégamment exprimées, vous serviront à souhait. Vous avez, je l'ai observé, la parole chaude, harmonieuse ; usez de ces avantages avec habileté et votre succès sera assuré sur un auditoire impressionnable, chez lequel la mémoire sert si bien l'éveil des premières curiosités de la science.

Il est bon qu'à la remarque suivante formulée par une de vos jeunes pupilles : « Eh bien, Mademoiselle est joliment sévère », une autre puisse répondre : « Oui, mais comme elle parle bien, je suis sûre qu'elle est aussi instruite que la maîtresse de la première classe. »

Ceci dit et répété par un certain nombre d'élèves, votre autorité sera définitivement établie ; vous pourrez enseigner et diriger vos enfants en toute liberté.

Un sentiment très fort chez nous autres Français, petits et grands, c'est le besoin de fierté.

Lorsque nos supérieurs savent nous faire éprouver cette noble jouissance, ils peuvent tout demander à notre obéissance, à notre bon vouloir en toutes choses.

Vous réussirez dans votre nouveau milieu, Mademoiselle, comme vous réussissez partout, car avec un amour du devoir fortement trempé, vous possédez les qualités pédagogiques qui assurent le succès.

Une fois les premières difficultés vaincues, vous pourrez donner à votre enseignement plus d'ampleur et d'intérêt. La mémoire est excellente à l'âge de vos jeunes élèves. Je sais que dans votre institution, on conserve la bonne habitude de faire réciter tous les samedis, soit un morceau de prose, soit de beaux vers ; choisissez avec soin les sujets, et ne les donnez jamais sans explications et apologie. C'est un des meilleurs moyens pour former l'intelligence en lui donnant le goût du beau.

La revue du samedi vous fournira, de même que les incidents journaliers, les occasions favorables pour jeter dans ces jeunes esprits de fertilisantes semences de morale.

Je termine ici ma lettre, sans plus d'explications, car je parle, je le sais, à l'une des institutrices les plus capables de creuser mes idées et d'en compléter l'expression.

LETTRE XI

Ma chère Laure,

Pourquoi votre lettre, si affectueuse pourtant, si confiante, m'a-t-elle laissé une impression presque pénible ? La raison, la voici : je trouve un point noir dans le portrait que vous me tracez de votre Andrée. Après l'énumération de nombre de qualités que je suis heureuse d'entendre mentionner, vous terminez par ceci : « Ma fille, il faut l'avouer, est une terrible petite curieuse à laquelle rien n'échappe ; elle voit tout, entend tout, se faufile partout comme un lutin familier. »

Eh bien ! permettez-moi de vous le dire, je n'aime pas du tout, mais pas du tout, les petites filles curieuses, fussent-elles avantagées de tous les dons. Non, je n'aime pas dans l'enfant ce penchant à écouter les conversations qui ne sont pas faites pour ses oreilles, à chercher le sens des choses qu'on lui dérobe, à saisir les petits secrets de la vie quotidienne qui s'agitent autour d'elle. Vous avez beau me dire avec un sourire où se dissimule mal certaine satisfaction orgueilleuse : « Elle est si fine qu'on ne peut rien lui cacher », je ne suis pas charmée le moins du monde. Il y a finesse et finesse ; celle qui n'est qu'une pénétration intellectuelle affinée, très bien ; mais généralement la manière dont on interprète ce mot ne provoque en rien ma sympathie.

Il faut, croyez-moi, vous efforcer de combattre une tendance fâcheuse qui, lorsqu'elle prend une véritable consistance, ne peut annoncer qu'une nature médiocre.

Il est une fleur dont la germination mystérieuse demande le concours de précautions et de soins assidus pour s'épanouir dans notre cœur. De cette douce fleur, l'arôme est léger, mais combien pénétrant ! Elle exhale dans l'atmosphère qui l'entoure le parfum d'un charme n'appartenant qu'à elle. Vous éprouvez en sa présence ce je ne sais quoi qui rend le cœur joyeux. Un souffle d'une particulière douceur soulève votre esprit ; et bientôt vous vous dites tout bas : Pourquoi fait-il si bon se sentir vivre ici ? Pourquoi ? Demandez-le à l'âme charmante qui ne fera jamais saigner vos douleurs, sous la froideur ou l'indifférence de sa parole ; demandez-le à celle dont la main est si légère qu'elle peut impunément sonder les blessures les plus profondes. A celle qui sait écarter loin d'elle la curiosité maladroite, le propos malséant, la cruelle ironie. Et tout cela sans froisser ni la franchise, ni la noble indépendance de la pensée. Cette charmeuse appelle le Tact son frère et elle-même se nomme : la Délicatesse.

Eh bien ! ma chère Laure, je ne connais pas de pire épouvantail pour cette fée bienfaisante du foyer que l'espèce de curiosité, qui semble caractériser en ce moment votre fillette. Pardon, si je vous blesse, telle n'est pas mon intention, vous le savez ; mais ne serait-ce pas manquer au devoir de l'amitié que de vous taire en si sérieuse matière ce que je crois la vérité ? Pour achever de vous bien convaincre, cherchons ensemble le genre de plaisirs que ce penchant procure à Andrée. J'admettrai avec vous qu'elle ne se rend pas compte de leur infériorité, mais l'instinct malsain n'en existe pas moins.

Plaisir de savoir quelque chose de nouveau, de défendu surtout ; plaisir du bavardage, du reportage aux bonnes ; ce qui indique une inclination pour les conversations vulgaires. De plus, rien ne semble l'avertir de l'inconvenance de son action, du blâme que doit encourir ce manque absolu de discrétion.

Vous allez me trouver bien sévère pour une enfant de douze ans. Eh ! ma chère, c'est aux premières manifestations d'un penchant mauvais qu'il faut le soumettre à l'analyse en déduisant courageusement les conséquences qu'il devra entraîner ; car alors seulement on pourra l'extirper.

Je vous connais, ma chère fille, je sais qu'après le premier moment d'humeur provoqué par ma franchise, vous allez vous ranger de mon avis ; aussi je m'empresse de vous indiquer ce que je ferais à votre place.

D'abord, pour éviter autant que possible les rapports d'Andrée avec des personnes sans éducation, je m'occuperais beaucoup d'elle, de ses études. J'essaierais d'élever le milieu du foyer domestique, en attirant quelques jeunes personnes dont le caractère m'offrirait toute sécurité. Votre fille ressentirait bientôt l'heureuse influence de ces nouveaux actes de votre sollicitude à son égard. Montrez-lui les laideurs de cette curiosité ; et pour mieux porter la lumière dans ces ombres, décrivez-lui les beautés de la délicatesse, tous ses charmes. Soyez-en persuadée, elle avait parfaitement deviné votre indulgence pour sa malheureuse inclination ; en vous voyant agir autrement, la curiosité indiscrète perdra bientôt tout mérite à ses yeux, car c'est un défaut qui vit surtout de l'encouragement des écouteurs. Attirez-la vers les nobles curiosités de l'étude par vos conversations, dont vous devrez résolument bannir les commérages de société.

Enfin, ma chère Laure, élevez de plus en plus le niveau de votre atmosphère familiale, ce sera le sûr moyen de faire obtenir à votre chère Andrée la distinction par excellence, celle qui consiste dans l'élévation et la délicatesse des sentiments.

LETTRE XII

Ma chère Gabrielle,

Vous débutez dans la carrière de l'enseignement, et immédiatement vous voilà chargée de préparer de jeunes élèves à leur première Communion. C'est une preuve que la Directrice augure bien de votre caractère. Ce qui ne vous empêche pas d'être très effrayée de votre responsabilité. Je le conçois, et vais essayer, en rassemblant mes souvenirs, de vous être de quelque utilité.

Vous devez vous rappeler que c'était à cette époque de la première Communion que commençait mon action morale sur vous toutes. Persuadée de l'influence qu'exerce sur la vie entière ce premier acte d'initiation religieuse, je m'en réservais la préparation. Vous êtes bien jeune, mon enfant, je l'étais aussi lorsque j'ai commencé, et Dieu m'a aidée. Ayez confiance dans son secours, et préparez-vous avec toute la simplicité du bon vouloir à remplir la mission dont vous êtes chargée.

Vous sèmerez... la volonté enfantine s'assimilera, jour par jour, quelques germes de cette semence ; et Dieu enverra son soleil qui pénètrera la terre, la réchauffera et fera pousser, puis mûrir le grain de sénevé. Vous devrez veiller à conserver vos intentions très droites, très modestes ; à ces conditions seules, vous obtiendrez la persévérance capable de lutter contre le découragement que provoquent parfois de douloureuses déceptions.

Ma chère fille, dans ce siècle tourmenté de tant d'appétits malsains, où le rationalisme confine au scepticisme, on doit s'efforcer de faire, autant que possible, pénétrer l'enseignement religieux jusqu'aux profondeurs de l'âme. Autrefois, lorsque le milieu, dans la famille et dans la société, était plus favorable, le danger sérieux semblait moins grand pour les croyances sans examen, l'habitude pouvant amoindrir les dangers de l'ignorance ; aujourd'hui il n'en est pas ainsi, aussi faut-il que chacun soit éclairé et armé.

Votre enseignement préparatoire doit donc se concentrer sur ce point : éveiller le sentiment de la foi dans l'âme de vos jeunes élèves en en étayant les premières manifestations de preuves à leur portée. Le spectacle de la nature, ses beautés, ses scènes variées, vous seront un vaste champ de démonstration. Dans l'enfance, ce qui entre dans l'esprit par les yeux, y conserve ordinairement une empreinte durable. Lorsque, en des entretiens familiers, dans les promenades, ou par des descriptions animées, vous avez éveillé la réflexion dans l'esprit de votre élève et échauffé son cœur, vous la ramènerez à elle-même : la plus grande merveille de la création. Vous lui ferez observer, en les analysant, les mouvements contradictoires de sa volonté : tantôt attirée vers le mal, tantôt reprise par le désir du bien ; de là à lui faire reconnaître le ressort intime et incontesté de la conscience, comme pierre de touche de tous nos actes, il n'y a qu'un pas. Ce sera l'heure aussi de lui parler de sa liberté à suivre l'impulsion du bien ou celle du mal. Alors, vous lui ferez apprécier cette liberté comme le plus noble attribut de l'homme.

Votre enseignement trouvera un facile accès dans des intelligences pures. Du reste, il ne sera que l'écho de l'instinct intérieur qui proclame très haut l'existence de la conscience et de la liberté, conséquence l'une de l'autre. Ceci compris, les idées d'une épreuve nécessaire, d'un tribunal suprême et infaillible par son essence, enfin celle de l'immortalité découleront d'elles-mêmes des prémisses. Alors, la croyance en Dieu rayonnera aux regards charmés de vos élèves, avec toutes ses conséquences.

Sur cette base une fois solidement établie, l'étude de la Religion se poursuivra sans peine, vos leçons seront écoutées avec plaisir ; n'introduisez-vous pas cette jeune âme dans le pays enchanté du surnaturel, en lui expliquant le pourquoi de l'existence et en lui donnant la joie de vivre ?

Je me suis toujours défiée de ces espèces de religiosités sans racines profondes, toutes en surface, qui subissent sans défense réelle le moindre souffle des passions.

Qu'on ne me dise pas que de si jeunes enfants ne peuvent être aptes à comprendre ces raisonnements : Sottise ! Pendant trente-deux ans, j'ai vécu d'une union étroite avec mes élèves, j'ai senti vibrer sous mes doigts les cordes de la vie dans ces cœurs juvéniles, et j'en ai vu sortir des trésors de force, de courage et d'exquise compréhension. Vous êtes mes témoins de la vérité de cette assertion, mes filles chéries, vous avez souffert, pleuré, subi des défaillances, éprouvé les atteintes du découragement, mais la foi de votre enfance, fortifiée et mûrie par le temps, vous a gardées pendant l'épreuve, vous pénétrant de son impérissable espoir.

N'est-ce pas surtout sous l'influence de l'impulsion religieuse que les facultés se développent harmonieusement ? Que le cœur s'échauffe et devient généreux ! Que la nature s'assainit ? Arrière alors aux vanités, aux futilités mondaines, aux goûts inférieurs, et j'ajouterai aux tristesses morbides ; l'âme véritablement croyante ne perd jamais, sinon la joie, du moins la force de vivre. L'espérance renaît en elle, malgré les misères et les épreuves les plus cruelles ; sous son souffle puissant, une sérénité relative reprend possession de la nature contristée et chancelante.

Ma chère fille, voulez-vous que votre enseignement soit fructueux ? mettez-y tout votre cœur. Laissez s'épancher sur vos jeunes pupilles la source vivifiante de votre tendresse ; et sous cette influence, vos propres convictions religieuses, radieuses de jeunesse et de force, s'implanteront dans les âmes des enfants confiées à vos soins.

Et le ministre de la Religion continuera votre œuvre.

Et Dieu fera le reste.

Vous ne serez jamais, comme Jean, que celle qui prépare les voies au Seigneur ; lui seul peut faire éclore dans ces jeunes cœurs de bonne volonté, si candides et si confiants, la divine fleur de la piété.

LETTRE XIII

Ma chère Aline,

J'ai lu votre lettre avec un sentiment mélangé de tristesse et de satisfaction. Les difficultés matérielles ne vous sont pas épargnées. Le modeste emploi de votre mari ne pouvant suffire aux frais du ménage et de l'éducation des enfants, il vous faut continuer votre état de modiste, ce qui vous donne un très grand surcroît de besogne. « Mais, me dites-vous, l'ouvrage ne m'effraie pas, je me porte bien et je suis contente de pouvoir conserver à mes deux filles une position toute faite, qui me permettra de les garder près de moi. Et pourtant, ce sont elles qui m'inquiètent en ce moment, leurs caractères ne sont pas ce que je désirerais. »

Ce n'est pas à leur âge, onze et douze ans, que vous pouvez espérer de les voir déjà maîtresses de leur volonté. N'ayez donc aucun souci sous ce rapport : vous êtes une excellente mère de famille, elles ne verront que de bons exemples à la maison ; et c'est le principal. En les mettant au travail de bonne heure, il vous sera facile de leur faire comprendre le sérieux de la vie. Vous avez, votre mari et vous, ce qu'on peut appeler du caractère ; à la longue, vous leur infuserez vos principes, et tout ira bien.

« Hélène, me dites-vous, est d'une violence

excessive ; à la moindre contradiction, elle s'emporte comme un lait bouilli. Parfois, il lui échappe des réponses qu'elle regrette aussitôt. »

Quand la violence tient à l'orgueil d'une manière étroite, c'est en traitant le dernier qu'on peut faire disparaître la première. Ce genre de violence est facile à reconnaître ; il se traduit, le plus souvent, en passion concentrée et rancunière.

La violence qui, au contraire, provient de la chaleur du sang, se distingue par une fougue sans racine amère ; elle doit se traiter avec un mélange de fermeté et de douceur. Les natures emportées, souvent bien douées sous les autres rapports, se calment par le raisonnement, et deviennent peu à peu maîtresses d'elles-mêmes, ou à peu près, car le naturel tend toujours à reprendre le dessus.

C'est le cas de votre Hélène, il n'a rien de trop grave.

La petite a beaucoup de cœur, vous aime profondément, eh bien ! vous la verrez faire de nombreux efforts qui finiront par être couronnés de succès. Dès que vous apercevrez l'excitation empourprer ses joues, avertissez-la d'un mot affectueux, d'un appel à la volonté ; ce moyen m'a souvent réussi. Si l'emportement ne peut être conjuré, attendez... Quand toute agitation a disparu, parlez avec gravité. Montrez-lui les terribles conséquences que peut entraîner ce défaut lorsqu'il n'est pas courageusement réprimé. Vous l'amènerez à comprendre la nécessité de se rendre maîtresse de son premier mouvement ; alors, vous pourrez compter sur la raison et le courage de votre enfant.

Et Mademoiselle Lydie est une petite coquette, voyez-vous cela ! Elle aime à parer son joli minois et trouve toujours le chapeau ou la robe trop simple pour son goût. Propre et élégante par nature, elle passerait un temps infini à sa toilette, si vous n'y mettiez ordre. Ce goût prononcé pour les ajustements vous impatiente fort. Que voulez-vous, chaque individualité accuse un côté inférieur. Il s'agit seulement, après l'avoir découvert, de lui appliquer un traitement convenable.

Sans doute, il est naturel que la jeune fille aime la toilette, mais il faut prendre garde que ce goût ne devienne une passion absorbante. Je suis absolument de votre avis à cet égard. Ne voyons-nous pas, tous les jours, de malheureuses jeunes femmes faire des folies sous ce rapport ? Combien, sous l'empire de ce déplorable défaut, ont ruiné leurs familles et oublié leurs devoirs les plus sacrés ! Oui, veillez et agissez, mais sans vous préoccuper outre mesure. Saisissez les occasions favorables pour avertir votre fille des inconvénients de ce penchant, ce qui n'aura pas grand résultat à l'heure présente, mais l'instruira pour plus tard. En ce moment, le moyen le plus efficace, peut-être, serait de faire appel à son affection filiale, en lui faisant remarquer l'exiguité de votre budget, en lui rappelant le travail fatigant de son père, vos propres veilles dont elle peut mieux se rendre compte. Vous lui croyez, il est vrai, moins de cœur qu'à sa sœur et une intelligence plus ordinaire, ce serait une difficulté de plus ; cependant, elle n'est pas insurmontable. Si vous pouviez la stimuler pour l'étude ? On bat en brèche le goût des jouissances secondaires en fortifiant celui des jouissances plus élevées. Priez son institutrice de vous aider à provoquer son émulation. Efforcez-vous de développer le goût de la lecture, c'est un excellent contrepoids contre l'amour des futilités. Lydie doit être adroite, demandez-lui son aide aux jours de presse.

Ce penchant trop prononcé pour la toilette, ne trouvant aucun aliment dans la famille, perdra vite ce qu'il a d'excessif. La raison et l'observation aidant, elle finira par découvrir les charmes de la simplicité. Ne craignez rien, ma chère Aline, la vie laborieuse qui attend votre Lydie, son entourage, votre affection éclairée, préserveront votre fille du sort désastreux que se prépare la femme frivole.

LETTRE XIV

Ma chère Isaure,

Je connais vos nombreuses occupations, toutes les obligations mondaines que vous impose la position de votre mari, aussi quand il m'arrive de regretter la rareté de vos lettres, jamais je n'accuse votre cœur.

Je trouve vos préoccupations à propos de Madeleine très motivées ; cependant il ne faut pas les exagérer. Il est vrai que l'étourderie si bien caractérisée dont vous me parlez ne laisse pas d'avoir, à treize ans, une certaine gravité. « Ni l'observation, ni la réprimande, me dites-vous, ne peuvent obtenir un résultat sérieux. » L'esprit rempli de vivacité de votre fillette échappe à tous les raisonnements. En classe même, si elle ne saisit pas à première vue les éléments de la leçon, son esprit mobile passe à un autre ordre d'idées. Madeleine est prompte en promesses, mais celles-ci, éphémères comme le reste, ne produisent aucun résultat.

Il faudrait arriver à provoquer la réflexion, et voilà la difficulté.

Fixons d'abord ce qu'on entend par cette faculté de notre intelligence.

La réflexion est l'apanage de la supériorité de l'homme sur le reste de la nature. C'est le mouvement, l'exercice d'une pensée libre, laquelle servant de point de départ à une volonté libre aussi, en fait, à ses risques et périls, le roi de la création. C'est à l'aide de la réflexion que l'on apprend à ne pas se fier aux impressions fugitives, mais à les analyser, à les dominer par un acte du jugement naissant. L'usage de la réflexion est la meilleure armure dans la lutte de la vie. Avec son aide, on pare les coups, on se tire des plus mauvais pas, et l'on profite des heures propices. Elle conduit à la prévoyance, à l'esprit de suite qui assure et règle la marche journalière. Si l'habitude de la réflexion est si précieuse, comment ferons-nous pour en procurer le bénéfice à notre chère enfant ?

La conversation me semble un excellent moyen. A travers les questions, les réponses, les pensées qui se croisent, vous découvrirez facilement l'instant favorable pour frapper ce jeune esprit de l'évidence d'une vérité, ou de la déduction appréciable pour elle, d'un fait. Vous l'attirerez à de petites discussions dont elle sortira éclairée sur quelque point. Madeleine étant demi-pensionnaire, demandez que nul devoir de son cours ne soit apporté à la maison, de cette façon vous lui consacrerez chaque jour une partie de la soirée.

Votre mari peut aussi vous aider dans cette tâche, en choisissant ce moment pour vous lire des articles de revue touchant les voyages lointains, ou les découvertes de la science, capables d'intéresser votre adolescente.

Un second moyen, que je crois excellent,

c'est de lui imposer une certaine responsabilité.

D'abord dans ses études, demandez-lui seulement des résultats raisonnables, mais exigez-les, avec une particulière netteté de paroles et une volonté très ferme. Sous ce rapport, plus d'une fois, elle subira, par sa faute, des instants difficiles qui commenceront à la troubler dans son insouciance d'étourdie.

Ensuite, si j'étais à votre place, je lui abandonnerais une certaine somme pour sa toilette, et la laisserais parfaitement libre d'agir à sa guise. Vous allez vous écrier : « Mais elle n'a pas quatorze ans ! » Qu'importe ! puisque nous avons besoin qu'elle fasse des sottises... et elle en fera de superbes, j'en suis persuadée. Votre position de fortune peut en supporter de plus grandes, cela ne m'inquiète pas. Ne connaissant nullement le prix de l'argent et très fière de la confiance que vous semblerez lui montrer, elle dépensera grandement, puis, en hésitant un peu plus, à mesure que la bourse se videra. Ne faites aucune observation. Enfin, elle arrivera à son dernier écu en se disant : Je n'aurai plus rien à acheter, ou : bah ! maman ajoutera bien quelque chose. La bourse durera trois mois, cinq ou six au plus ; et maman n'ajoutera rien du tout, faisant la sourde oreille aux plus tendres insinuations. Ce sera dur, mais il ne faudra pas sortir de là.

Il se trouvera bien une occasion, au besoin, il faudrait la faire naître, où la nécessité mondaine d'une robe ou d'un chapeau se présentera. Vous voyez d'ici la déception... à laquelle il ne faudra apporter aucun remède.

« Mais, me direz-vous, vous voulez donc la faire souffrir ? » Mon Dieu ! oui, je l'avoue... mais par sa faute, et qu'elle puisse le reconnaître facilement. La souffrance est trop souvent la meilleure des institutrices. J'aime tant vos filles, mes chères élèves, que j'ai sans cesse l'œil fixé sur leur avenir.

C'est surtout avec les leçons suggérées par sa propre expérience, que Madeleine comprendra le malheur de se livrer sans contrôle à sa première impulsion ; et, peu à peu, sous l'influence du temps, elle prendra l'habitude de réfléchir ; votre étourdie deviendra alors une sérieuse et charmante fille.

LETTRE XV

Ma chère Pauline,

Votre âme est inquiète et troublée, et j'ai vivement ressenti le contre-coup de votre chagrin, auquel se mêle une nuance d'amertume. Les qualités si nobles de Suzanne tendent à sombrer sous l'effet désastreux d'un terrible défaut : l'orgueil.

« Hélas ! m'écrivez-vous, comme les dons les plus merveilleux peuvent tourner à notre confusion... La compréhension si pénétrante de l'esprit de ma fille, ses brillantes études, ses succès en tous genres, je les donnerais avec joie pour un peu de modestie et de défiance de soi-même. Les tendances à l'orgueil de ma pauvre enfant ont été développées par ses triomphes scolaires et par les louanges de ceux qui l'entourent. Pourtant elle ne manque nullement, lorsqu'il s'agit des autres, de jugement, de justice et de sagesse même. Son intelligence, vraiment remarquable, saisit avec une vivacité rare tout ce qu'on lui enseigne. Ses professeurs ne tarissent pas sur la richesse de ses facultés à la fois solides et brillantes. Ils sont fiers de leur élève, et déjà, grâce à la réputation qu'ils lui ont faite, plus d'un éminent collègue de mon mari dans la magistrature ne dédaigne pas la conversation de cette fillette de seize ans, et s'en retourne *émerveillé* de ses réponses.

« Ah ! chère Mademoiselle, si je voyais Suzanne enivrée, se répandre en paroles, en exubérance vaniteuse, je craindrais moins ; je dirais : cela passera ; mais pas le moins du monde. Elle est calme, pondérée, ne parlant qu'à propos et ne se mettant jamais en avant. Aussi nul ne songe-t-il à l'accuser de présomption, tout au contraire... Mais, moi, sa mère, je sais à n'en pouvoir douter qu'il existe en Suzanne un orgueil intime dont je suis effrayée.

« Bien que respectueuse et douce avec moi, je sens qu'à part mon titre sacré de mère, je n'ai sur elle que la supériorité de l'âge et de l'expérience dont de bonne heure, et inévitablement, elle tiendra peu de compte. Son esprit qui se développe admirablement, dépasse déjà le mien en souplesse et en étendue ; son instruction est plus complète que la mienne. Tout cela serait ma joie, si, avec tant de précieux dons, je la voyais tendre et simple de cœur. Par malheur, il n'en est pas ainsi. Dès maintenant, mon autorité sur elle n'est plus qu'apparente, et l'année prochaine, elle *me protègera.*

« Quand je veux l'obliger à s'interroger, à s'analyser sous ce rapport, elle discute avec une aisance, un calme qui fait envoler le mien ; elle a de si bonnes raisons que bientôt je perds pied. Ou je n'ai pas le dernier mot, ou elle me le laisse par déférence. Quant à entamer sa conviction, il n'y faut pas songer.

« Ce qu'il y a de plus triste, c'est que je suis seule pour soutenir une lutte déjà inégale. Lorsque je parle à son père de mes observations, de mes craintes, il sourit, m'appelle doucement Cassandre et s'efforce de me réconforter avec d'encourageantes paroles, comme on doit le faire en face d'un être nerveux, porté au pessimisme. Vous le voyez, il est passé à l'ennemi : sa fille est son orgueil. Mon fils serait plus perspicace, il dit très bien à sa sœur : « Ma chère, je constate chaque jour qu'à vingt ans, malgré ce qu'on appelle de brillantes études, on ne sait pas grand'chose ; sois persuadée qu'à seize, on ne sait rien. » Malheureusement, il n'est pas là.

« Suzanne n'est ni envieuse, ni jalouse ; mais

pourquoi? parce que, suivant sa pensée secrète, la première place lui est et lui sera toujours acquise. D'un autre côté, quoique soigneuse, elle méprise les soins raffinés de la toilette comme indignes d'elle.

« Elle pourrait devenir un professeur hors ligne, une femme supérieure dans un certain sens, avec une forte individualité, si vous le voulez; mais elle ne saura, je le crains, jamais s'oublier... Et comment alors pourra-t-elle être une épouse, une mère, une éducatrice digne de ce nom? Où seront le charme et la grâce indispensables à la femme? Ma pauvre Suzanne n'en possède pas l'ombre. Ne croyez pas cependant qu'elle manque absolument de cœur : dernièrement je me suis trouvée souffrante, elle m'a parfaitement soignée ; et pourtant, il faut l'avouer, mon cœur de mère ne peut se réchauffer au contact de celui de mon enfant, ni le réchauffer lui-même. Extrêmement pure et droite dans son absolue confiance en elle-même, elle ressemble au diamant, dont elle a la limpidité en même temps que la froideur et la dureté.

« Elle tient beaucoup de son père, dont elle exagère les qualités et surtout les défauts, lesquels paraissent plus choquants dans une jeune fille. Je le redis, je me sens impuissante à corriger le mal que je vois avec une entière lucidité. Chère Mademoiselle, que n'êtes vous là? »

J'y serais, ma chère Pauline, que mon expérience ne pourrait pas grand'chose. Deux fois ce caractère, du moins dans certaines lignes, a passé à portée de mon influence, et j'ai senti combien il est difficile d'exercer sur lui une action efficace. Je comprends l'admiration dont votre fille est entourée : ces facultés superbes, cette maîtrise de soi-même dans une si jeune créature, étonnent et charment à la fois ; ce qui ne m'empêche nullement de partager vos craintes. Ce qu'on demande surtout en espérance de la jeune fille, c'est la femme, la mère. Cherchons donc les moyens d'atteindre l'ennemi dans cette personnalité si riche d'aspect.

Pouvons-nous en vouloir à Suzanne de croire qu'elle a raison, qu'elle réfléchit plus profondément et qu'elle pense mieux que beaucoup d'autres, puisque vous-même vous avouez qu'il en est souvent ainsi ? C'est donc sur le fond des choses qu'il faut faire appel à sa loyauté. Si elle voyait quelqu'un s'enorguellir d'être né riche, elle serait la première à en rire ; n'est-elle pas aussi mal avisée de se glorifier de facultés reçues ? A l'occasion, exprimez-lui vos craintes, qu'en s'enorgueillissant d'un don gratuit pour lequel elle n'a aucun mérite, sa volonté, faussée par sa propre faute, ne devienne incapable de tirer bon parti des qualités octroyées. Pusiqu'elle est si raisonnable, il faut lui parler le langage de la raison. Attirez son esprit à l'observation de la simplicité dans autrui ; invitez-la à se rendre compte de cette droiture d'intention qui, sans retour sur soi-même, ramène les effets aux causes. La simplicité ne s'enorgueillit pas, car elle sait qu'elle a tout reçu ; elle marche dans la route du devoir avec 'plus de confiance dans l'appui de Dieu que dans sa propre excellence. Suzanne est-elle incapable de comprendre la beauté de cet état d'âme ? Je ne crois pas, mais il faut du temps. Jamais, en éducation, on ne peut se passer de ce dernier.

C'est par l'âme, pourtant, que passeront les sentiments qui rendront votre fille digne de votre cœur maternel, si perspicace et si dévoué. Ici encore se trouveront plus d'un obstacle : « Elle accomplit, me dites-vous, strictement ses devoirs religieux, mais elle n'est pas pénétrée de l'esprit de l'Evangile, ni échauffée à son divin foyer. »

Où trouver, même pour l'orgueilleuse, une autorité plus acceptable que celle de Dieu principe de tous biens ? Là n'est pas la question pour votre fille, elle adore, mais n'aime pas. Saisissez les occasions de lui prouver que vous voyez clairement son genre d'infériorité et que vous en êtes profondément attristée. Répétez-lui que l'expérience démontre l'orgueil frappé de stérilité, cachant sous les apparences d'une vie intense la plus déplorable inaptitude au bien. Suzanne ne vous croira pas d'abord, mais, malgré elle, vos discours reviendront à sa mémoire et finiront par inquiéter sa conscience. Alors, à la première forte émotion qui fera vibrer son cœur ainsi préparé, un noble élan vers la vérité l'entraînera à briser les chaînes dont l'orgueil garrotte son âme ; et une nouvelle connaissance de soi-même, servie par cette volonté droite et vigoureuse que nous connaissons, rendra bientôt votre chère enfant digne de tous les amours comme de tous les respects.

LETTRE XVI

Ma chère Eugénie,

Je vois avec une grande satisfaction que vous vous habituez à votre nouvelle position, si différente de celle que vous occupiez au foyer domestique. Vous avez l'âme vaillante, mon enfant, et du jour où vous avez pu comprendre les difficultés d'argent qui pesaient sur vos parents bien-aimés, votre décision a été prise, et ni instances, ni prières, n'ont pu vous empêcher de prendre votre part du fardeau. Dieu vous récompense aujourd'hui de votre courage en vous donnant le goût de l'instruction.

Avant votre départ, nous avons causé à loisir des obligations et des difficultés de l'enseignement. De ces entretiens, je suis sortie persuadée que vous rempliriez consciencieusement vos devoirs, quels qu'ils fussent. Vos lettres, que Mme Hubert veut bien me communiquer, celle qu'elle a reçue de votre Directrice, prouvent que les débuts sont excellents. Laissons donc pour l'instant le professeur et même le pédagogue en ce qui concerne la discipline ; je veux, dans ma causerie d'aujourd'hui, vous conduire hors de la salle d'étude.

Oui, c'est dans la cour de votre pension, sous le préau, à l'ombre du quinconce de tilleuls réservé aux premières divisions, que je viens m'asseoir avec vous, pour m'entretenir d'un sujet auquel on n'accorde pas toujours l'importance qu'il mérite : la récréation.

Et pourtant, quel champ d'étude pour l'observation ! L'élève débarrassée aux trois quarts de la discipline des heures de classe, reprend son naturel, son abandon, dans l'élan du jeu, et laisse percer le secret de son individualité. Une parole, un geste, livrent parfois la clef d'un caractère. Et pour agir efficacement, il faut posséder son terrain.

La récréation est la véritable pierre de touche pour reconnaître certains défauts, aussi certaines qualités. Le penchant à la dissipation, la fougue dans le plaisir, le désir de dominer, la gaieté, l'amabilité, l'intention de faire plaisir aux autres, apparaîtront. D'un coup d'œil, vous saisirez des détails précieux, des renseignements décisifs.

Dans la vie des hommes, le choix des plaisirs est aussi important que celui de la carrière elle-même ; en ce qui concerne les femmes, l'importance n'est pas moindre.

Aussi s'agit-il, pour l'éducatrice, de donner à ses élèves le goût des plaisirs purs et élevés, lequel les éloignera à jamais des dissipations dangereuses.

Parlons donc de la conduite à tenir la semaine où vous êtes responsable de ce qui se passe à la récréation; nous parlerons ensuite des agréments que l'on comprend dans ce mot.

Evitez de laisser à vos élèves les plus âgées la facilité de causer toilettes et fêtes. Plusieurs d'entre elles, ont déjà un aperçu du monde; d'autres le rêvent; vous leur rendrez un véritable service en les ramenant aux amusements de leur âge. Pour cela, il faut savoir exciter leur intérêt en intéressant leur imagination.

Le meilleur moyen de vous faire comprendre mes idées est de vous indiquer ce qui, sous ce rapport, avait lieu à la pension. Votre mère pourra compléter mes souvenirs.

A part les récréations à plaisirs bruyants, lesquelles coupaient les classes, et qu'il ne faut jamais sacrifier, je me réservais une demi-heure après l'étude du soir, de sept heures à sept heures et demie. Alors les élèves de la première division se groupaient autour de moi. Nous causions, nous échangions des idées; je répondais aux questions. Je leur avais fait prendre l'habitude de noter les pensées qui les frappaient dans leurs lectures; si quelque obscurité restait encore dans leur esprit, c'était le moment de la faire disparaître. Il se formait ainsi un lien intellectuel entre nous, lien dont plus tard j'ai pu constater la solidité. Le souvenir de cette causerie journalière demeure pour moi infiniment doux.

Pendant le souper, je faisais à haute voix la lecture d'un ouvrage choisi avec soin pour exciter la curiosité et l'intérêt. Je me souviens du vif désir des enfants de connaître la suite du volume, de leurs habiles petites manœuvres pour me faire causer. Je restais impénétrable, et le souper devenait ainsi un plaisir très apprécié. Ensuite, maîtresses et élèves s'ébattaient au colin-maillard, ou autres jeux de ce genre; enfin l'on montait au dortoir les pieds chauds et l'esprit léger.

Pendant l'hiver, le dimanche et le jeudi, depuis la fin du jour jusqu'au souper, chacun lisait en silence. Naturellement, je m'approvisionnais moi-même aux bibliothèques de la ville. Après le souper : la musique, la danse au piano et les petits jeux se partageaient la soirée.

En été, la promenade primait tout. Quelques pas à peine, et nous étions hors de la ville. Elle est si jolie, notre campagne normande avec ses routes ombreuses et ses côteaux boisés ! Je ne connais rien de plus sain et de plus agréable que ces courses joyeuses à travers les prés et les bois, ou dans le labyrinthe des étroits sentiers. Au printemps, entre les dernières bises et les premiers bourgeons, on cueillait les violettes et l'odorant coucou. C'était le moment de l'escalade des hautes banques. En juin, la marche plus calme sous l'ombrage des grands arbres, avait son tour. En automne, l'excitation revenait avec les souffles aériens plus vifs, bien qu'encore attiédis. Alors comme on s'élançait à la découverte des mûres sauvages, des baies d'églantiers dont on fait de si jolies choses, et quels bouquets charmants de fines herbes aux couleurs variées ! L'hiver lui-même, aux jours de belle gelée, ne donne-t-il pas à la campagne un charme particulier? Sans qu'on le perdît de vue, le joyeux essaim courait en liberté. Les rieuses fillettes revenaient à chaque instant vers nous : celle-ci pour montrer une fleur, celle-là un insecte, qu'on relâchait aussitôt. Je leur ai toujours inspiré, autant que possible, le respect de la vie humaine, même chez les plus humbles créatures, lorsqu'il n'y a pas nécessité d'y porter atteinte. D'autres encore venaient causer un moment pour repartir bientôt. Toutes étaient accueillies d'un sourire.

Mais, arrière à mes souvenirs ! ils m'entraîneraient trop loin. Je reviens à vous.

Les enfants comprennent parfaitement la ligne de démarcation où semblent finir vos devoirs d'institutrice, et elles ne vous tiennent compte que du *surcroît*. Le savoir des leçons les flatte, votre justice les force au respect, mais il n'y a que la bonté qui puisse vous les attacher ; elles en apprécient parfaitement les moindres manifestations.

Le dimanche, la surveillance, me dites-vous, incombe surtout à la maîtresse d'étude ; profitez de votre liberté pour donner *gratuitement* votre temps, en répandant un joyeux entrain autour de vous.

« Mais, alors, me direz-vous, c'est l'entière absorption de son individualité au profit des enfants? » A peu près, ma chère Eugénie, et celles qui se donnent le plus sont encore les plus heu-

euses. Dans un pensionnat surtout, la surveil-
nce et la sujétion sont de tous les instants.
imez vos chaînes, elles n'auront alors que la
ouceur des liens volontaires formés par la géné-
osité du cœur.

Cet ensemble de récréations dont chaque partie
offre un mince intérêt moral, finit pourtant par
isser, pour ces jeunes âmes, une souple et solide
rmure. On a pris l'habitude des amusements qui
ortifient le corps ; le goût de la lecture, à l'aide
es explications et sous l'influence d'une direction
ntelligente, s'est épuré ; la musique, la danse
lle-même dont on a usé largement, n'offriront
as, plus tard, les dangers de la nouveauté et de
a privation systématique. De plus, dans les petites
êtes où les *grandes* devront s'occuper spécialement des autres, le cœur s'exercera à la plus
noble des vertus féminines : l'oubli de soi-même.

Vous voyez que, de ce côté aussi, le champ est
vaste pour les cœurs de bonne volonté.

Je le redis, le talent du professeur vous livre
'esprit de vos jeunes filles : seule, la manière aimable dont vous vous occuperez de leurs plaisirs
vous attirera leurs cœurs, la plus désirable de
outes les conquêtes, celle dont les fruits seront
pour votre âme d'éducatrice à la fois une récompense et un encouragement.

LETTRE XVII

Ma chère Françoise,

Sara a seize ans, elle va rentrer au foyer paternel après avoir fait de bonnes études. La perspective du retour de votre fille chérie vous enchante et vous préoccupe à la fois.

Intelligente, instruite, votre pensionnaire a, de plus, l'humeur agréable ; une santé magnifique aide chez elle au désir de l'action. Et voilà l'inévitable point noir : ce beau caractère est empreint d'une ardeur passionnée qui vous effraie.

« Comment, me dites-vous, ce besoin continuel d'activité, lequel menace son repos et le nôtre, trouvera-t-il un aliment suffisant dans notre vie paisible, monotone, même ? Quelle main pourra la diriger avec l'affectueuse énergie que demandent de semblables dispositions ? Mon état habituel de souffrance ne me rend guère capable d'une pareille tâche. »

Peut-être plus que vous ne le pensez, ma chère Françoise. Si je ne me trompe, le caractère de votre fille est de ceux pour lesquels le dévouement a un puissant attrait. Ne lui cachez donc nullement la faiblesse de votre santé, ni vos souffrances journalières. Vous verrez alors comme elle se dépensera avec joie en mille soins. Chargez-la d'une partie de la surveillance du ménage, de l'arrangement du salon, de votre chambre. Ayez sans cesse besoin d'elle, de sa société, de son sourire. Dites-lui qu'elle est votre joie, et que bientôt elle sera votre soutien. Répétez-lui les paroles d'une mère valétudinaire à sa fille : « A ton tour, Sara, donne-toi à ta mère, ton temps est venu. » Le premier jet d'activité aimante qui anime ce cœur ardent, trouvera ainsi à s'épancher. Son père et ses deux frères auront leur part. Le champ ne vous semblerait-il pas encore assez vaste? Je vous connais une modeste et vieille amie, Mlle D... que vous ne visitez pas selon votre désir; avec une bonne parole, passez à Sara cette dette de cœur. Les pauvres familles du voisinage profiteront aussi de ce trop plein d'énergie. Et par incidence, chaque jour, combien d'occasions de travail et de sollicitude ne se présenteront-elles pas? Vous le voyez, le champ d'action ne manquera pas. Fût-elle dévorante, il est rare que la soif d'agir ne trouve pas d'issue. Fût-il large comme un océan, notre cœur parvient à se dépenser, ne fût-ce qu'en obscures immolations.

Ce genre de caractère rencontre, j'en conviens, de grands écueils dans la vie, en se donnant en hâte, sans examen. Alors on se fourvoie, et la déception est dure. L'âme passionnée se livre à la première sympathie sans se soucier que l'estime serve de base, ou plutôt elle prête à l'objet aimé des qualités fausses ou exagérées; et, lorsque la lumière se produit, celle-ci provoque des orages de désolation. Un second écueil provient de la passion elle-même, par sa disposition à l'exclusion et à la tyrannie. « Craignez, a dit Sainte-Beuve, la pauvreté d'un exclusif amour. »

Pour que les cœurs ainsi faits arrivent à la mesure et à la sérénité, il faut un grand travail, car il ne s'agit de rien moins que de *sortir* de soi-même.

Je le répète, la passion est égoïste, elle donne son affection en imposant un retour obligatoire. Plus tard, quand Sara aura jeté son premier feu, il faudra l'amener tout doucement à réfléchir si ce qu'elle veut est bien, s'il n'y a pas d'illusion dans ce désir, dans cet entraînant attrait ? Ce ne sera pas petite chose de lui apprendre à se défier de sa première impression... et pourtant toute la sûreté de sa vie est là, tout comme la véritable beauté morale est d'aimer les autres pour eux-mêmes.

Voilà toujours en quoi les âmes passionnées sont inférieures, ce sont elles qu'elles aiment dans les autres ; bien que jetant les hauts cris, lorsqu'on a l'audace de le leur dire, voilà pourquoi elles sont facilement despotes et jalouses. Leur affection est oppressive, parce qu'elle manque de générosité. Elles ne disent pas : « Mon affection rend-elle mon amie heureuse ? Est-ce que je l'aime à son goût ? Est-ce que je lui fais du bien ? » Ces pensées-là ne les troublent pas ; elles aiment à leur manière, et vous devez répondre de même... à leur façon. » Votre nature peut être autre ? n'importe ! vos sentiments peuvent différer ? tant pis ! Il est rare que les caractères réellement passionnés en tiennent compte. Exigence et despotisme sont donc les écueils de ces organisations dont la richesse apparente cache parfois de réelles pauvretés de cœur, lorsque la lumière et la direction leur ont manqué.

De plus, elles tendent à annihiler ce qui fait la gloire du sentiment : la liberté, et pourtant celle-ci seule rend nouvelle et gratuite l'offrande de chaque heure.

Vous avez tout ce qu'il faut, ma chère Françoise, pour agir efficacement sur votre fille ; vous êtes aussi patiente qu'elle est fougueuse ; aussi clairvoyante qu'elle est aveugle sur ses tendances personnelles. J'ai pu vous indiquer ici les traits principaux que j'ai observés jadis dans le genre de nature qui nous occupe, mais je laisse à la divination maternelle, que rien ne remplace, le soin de saisir les nuances et les plus sages moyens d'agir. Vous avez du temps devant vous, Sara n'a que seize ans. J'en suis persuadée, lorsque son esprit sera éclairé et ses affections purifiées d'égoïsme, elle offrira aux regards ravis de sa mère et de tous ceux qui l'aiment, le merveilleux spectacle des trésors que Dieu peut déposer dans une seule âme.

LETTRE XVIII

Ma chère Claire,

Me voici de retour à V... après un voyage dont les étapes ont été pour mon cœur aussi reposantes que douces. Au milieu de mes anciennes élèves, je me sens toujours en famille ; et votre mère, mon enfant, a su vous inspirer de l'affection pour celle qu'elle appelle sa meilleure amie. Vous avez été très attentive, très aimable pour moi, pendant mon séjour à votre foyer, et je viens vous en remercier par... un petit sermon. Oh ! le moins long possible, ne vous effrayez pas. Ma sollicitude, toute maternelle, ne me permet pas de passer sous silence certaines petites remarques que j'ai faites. Lisez-les, ma chère petite, et puissiez-vous comprendre le sentiment affectueux qui me les dicte.

Je me plais à reconnaître vos qualités, qui sont nombreuses et charmantes ; aussi, je ne puis prendre mon parti de les voir ternir au début par un défaut, lequel, d'abord, n'a l'air de rien, et qui, grandissant en liberté, finit par menacer la vie entière.

Vous êtes moqueuse, Claire, et cela m'attriste. « Vraiment, me répondrez-vous, pour si peu de chose ? il faut bien rire un peu. Puis, est-ce ma faute, si je vois le mauvais goût de Madame une telle, la manie d'une autre, le ridicule d'une troisième ? »

Oui, c'est votre faute, mon enfant, car vous avez oublié de donner entrée dans votre cœur à l'une des plus aimables vertus : la bienveillance.

Quel charme celle-ci répand autour d'elle ! et quel ferment de bonheur elle dépose dans l'âme qui la possède ! On l'accuse de voir les hommes et les choses toujours du bon côté; on devrait au contraire l'en féliciter. Pourquoi sa raison n'égalerait-elle pas celle de ceux qui ne voient que les taches et les ombres ?

Ma chère Claire, vous vous moquez pour rire en ce moment, et notez-le bien, ce n'est déjà plus le rire innocent et charmant de la jeunesse, ce rire que chacun aime et que je suis, vous le savez, la première à provoquer, c'est un rire dont la bonté est absente. Bientôt vous vous moquerez de ce qu'il y a de plus respectable : la vieillesse. Vous vous récriez ? A quel âge, mon enfant, contracte-t-on le plus de manies, le plus de ridicules, si ce n'est quand les ans pèsent sur les têtes blanchies ? De là à vous moquer des infirmités naturelles, il n'y a qu'un pas. Vous le franchirez, tôt ou tard, et pourtant qu'y a t-il de plus révoltant ! En outre, pouvez-vous espérer que nulle plaisanterie, nulle moquerie peu bénigne, ne vous sera pas, quelque jour, inspirée par de secrets sentiments de jalousie et de dépit ? Celui qui souffle le vent appelle la tempête. Etes-vous sûre de ne jamais dépasser la limite des petites médisances ?

Oh ! ma chère Claire, si vous saviez quels

maux peut enfanter une moquerie innocente en apparence ! Quelles conséquences déplorables elle entraîne parfois ! Une de mes anciennes élèves a manqué une alliance désirée par ses parents, et fort convenable sous tous rapports, à cause de ses rires moqueurs qui ont effrayé le jeune homme en le trompant sur un caractère excellent sous d'autres rapports. La vie de cette jeune fille en a été entièrement changée, et d'une manière qui l'a remplie de beaucoup de douleurs.

Ce qui n'est que moquerie au début, devient, avec le pli pris, ironie et sarcasme, ces armes cruelles qui font des blessures profondes, souvent inguérissables.

Combien d'injustices fait commettre ce malheureux penchant, lequel s'attaque, quoi qu'on en dise, beaucoup plus aux personnes qu'aux défauts, et quel levain amer il dépose dans le cœur de ceux qui servent de point de mire !

Si vous ne répudiez pas ce triste plaisir, il faut renoncer à la joie d'être aimée par ceux qui ne sont pas vos proches. Vous doutez ? Ceci est l'exacte vérité. En revanche, vous serez crainte. Trouvez-vous que ce soit une compensation enviable ? Les gens de cœur vous fuiront, ceux mêmes qui s'amuseront de vos moqueuses saillies, ne se gêneront pas pour dire : « A-t-elle une bonne petite langue de vipère ! »

Et quel rude examen vous attirerez sur vous même !... On énumèrera avec satisfaction vos fautes, vos maladresses, vos propres manies, ma chère, car vous en aurez, nul n'en est exempt; le tout commenté sans égard, avec malice. Ce sera justice; n'aurez-vous pas été impitoyable pour les faiblesses d'autrui ?

Non, vous ne renoncerez pas au plus grand de tous les bonheurs, à celui d'être aimée, pour le misérable plaisir de dire un soi-disant bon mot, de lancer une flèche rapide ; vous vous corrigerez à l'aide d'une généreuse surveillance et d'efforts bientôt récompensés. Votre bon cœur, dont vous essayez parfois de méconnaître la voix, vous y aidera. Une de mes meilleures amies d'enfance avait, dans sa jeunesse, un grand penchant à la moquerie, penchant que sa vive intelligence rendait redoutable. Elle s'est si bien corrigée qu'elle possède maintenant le caractère le plus bienveillant que je connaisse.

Une moqueuse peut-elle se dire chrétienne ? Comment entend-elle la charité ?

Il y a deux ans, une de mes anciennes élèves, pauvre jeune femme se mourant d'une maladie terrible, me disait en se ranimant à ma voix :

« Vous me reprochiez autrefois d'être moqueuse, eh bien ! je dois vous l'avouer, tout ce dont je me suis moquée m'est arrivé ! »

Douloureuse constatation d'une mourante, vous n'êtes pas la seule que j'aie pu enregistrer sous ce rapport.

Soyons bonnes, ma chère Claire, aussi bonnes

que possible ; gardons nos indignations, notre verve railleuse, pour le vice triomphant, l'hypocrisie, la cruauté : toutes choses qui ne se pardonnent pas. Contentons-nous de railler les railleurs eux-mêmes, et encore... Disons à la bienveillance : vous serez ma sœur, mon amie, la lorgnette à travers laquelle je regarderai les petites misères de mes frères, conservant pour les miennes seules le côté grossissant de la plus sévère vérité.

LETTRE XIX

Mademoiselle,

Votre compagne, Mlle R... avec laquelle j'ai le plaisir de correspondre depuis plusieurs années, vous a, me dites-vous, parlé de ma science pédagogique, en vous engageant à solliciter mes conseils. Ce que vous faites aujourd'hui dans des termes qui me rendraient confuse si je n'y reconnaissais l'illusion généreuse et enthousiaste de la jeunesse. Je n'ai que le mérite de l'expérience, et je suis heureuse de la mettre à votre disposition.

Je vous vois extrêmement désireuse de bien faire, c'est la première et la meilleure des dispositions. Fortifiez-la, renouvelez-la sans cesse par de courageuses résolutions, cette bonne volonté dont vous aurez grandement besoin. Le mauvais esprit qui règne dans votre classe est aussi difficile à chasser que la toux chronique ou la fièvre des marais.

Comme certains docteurs, traitons par les contraires, occupons-nous en premier lieu de former dans votre classe un milieu sain, favorable à l'éducation.

Il est beaucoup plus facile de venir à bout de ce dessein lorsque, comme moi, on crée un établissement. Le nombre des élèves, d'abord restreint, subit facilement votre influence, qui s'impose aux arrivantes successives.

Tel n'est pas votre cas, et vos premiers efforts doivent tendre à imposer la discipline autour de vous.

A ce sujet, il m'est impossible de ne pas dire, ou plutôt redire quelques mots sur l'instruction. Rien n'aide davantage à établir une discipline acceptée sans difficulté, que l'intérêt donné aux leçons.

Les qualités d'un bon professeur peuvent se résumer en deux mots : science et aptitude pédagogique.

On nous reproche souvent, à nous autres Français, de ne pas savoir écouter ; c'est l'éducation qui doit corriger ce que notre génie national a de trop impressionnable. La vivacité de notre esprit, son aptitude à saisir la pensée d'autrui, le porte à formuler un jugement dès les premiers mots, sans attendre la suite, qui, souvent, modifierait l'idée première.

Pour arriver à vous faire écouter des enfants de douze à quatorze ans, lesquelles composent votre classe, il faut exciter l'intérêt dès le début par un exposé brillant; ensuite une narration claire, variée, bien vivante, nourrie de faits sans en être encombrée, complètera votre succès.

A ce propos, un souvenir me vient à la mémoire.

Combien de fois n'avons-nous pas vu nos chères jeunes filles revenir des cours (de celui d'histoire surtout) le carnet bourré de notes, mais la tête vide ! Le professeur, instruit sans doute, mais faible pédagogue, n'avait oublié qu'une chose, comme le singe de la fable, c'était d'éclairer la lanterne. Il fallait, au retour, jalonner les faits, former les tableaux, donner la vie aux évènements, en un mot refaire la leçon à des intelligences rendues hostiles par la fatigue et l'ennui, par des tentatives infructueuses de la mémoire et du jugement pour se reconnaître dans un dédale sans relief et sans points de repère.

Je l'ai constaté : les leçons agréables sont un des meilleurs moyens pour donner aux élèves le goût de la discipline, laquelle n'est que de l'ordre moral, après tout.

En second lieu, il faut inspirer confiance ; pour cela, la loyauté, la justice et l'affection sont indispensables.

Afin que la loyauté, base de tout caractère, règne dans une classe, il faut que la directrice en donne un exemple qui ne puisse être suspecté. Pas la moindre ruse, même pour le bien ; on peut être habile sans cela. La vérité, toujours la vérité. On cite parfois cette triste devise : La fin justifie les moyens. Jamais ! Cette pensée est déplorablement fausse. Il faut que vos élèves soient persuadées de votre véracité.

La justice est aussi obligatoire dans l'enseignement que la sève à un arbre. Sans l'idée préconçue de justice, l'idée d'éducation ne se conçoit même pas.

Même avec son empreinte, trancher les questions, blâmer, punir, le tout, par sa seule initiative, peut rencontrer plus d'un écueil. Dans le but d'obvier à cet inconvénient, nous avions affiché un règlement pénal que chaque élève pouvait consulter. La faute commise, la réponse sur la pénalité arrivait immédiatement, le plus souvent faite par la coupable elle-même, et dès lors, l'action personnelle était écartée.

Ainsi les adolescentes commencent à comprendre et à accepter deux choses indispensables à la vie sociale : la juste répression du mal et le respect de l'autorité.

À ces éléments de discipline, il faut ajouter l'affection réciproque. Lorsque celle-ci existe profondément dans le cœur de l'institutrice, elle se manifeste à son insu, dans ses paroles, dans ses actes et même dans ses regards.

Vous le savez, Mademoiselle, et vous l'apprendrez mieux encore, l'affection attire l'affection.

Voici les grandes lignes qui doivent concourir à établir la discipline. En ce moment nous avons de plus à compter avec un courant d'hostilité. A ce propos, vous constatez, et avec quel étonnement ! que ce ne sont pas les élèves les plus intelligentes qui détiennent l'influence, fomentent les cabales et les font réussir ; pour l'instant, votre remuant troupeau subit l'impulsion de deux jeunes filles d'un esprit médiocre. A mesure que vous prendrez de l'expérience, votre étonnement cessera. Dans le monde, où les hommes et les femmes ne sont souvent que de grands enfants, vous reconnaîtrez la même chose. Ce n'est pas par leurs qualités que l'on conduit les groupes d'individus, pas plus que les masses, mais par leurs défauts, leurs passions. Pour cela, il faut surtout beaucoup de hardiesse, d'astuce, et l'absence de scrupules.

Abandonnez pour le moment les meneuses ; gouvernez-les avec la discipline ordinaire, sans moyens particuliers ; c'est aux plus intelligentes, aux mieux douées de vos élèves, qu'il faut d'abord vous adresser. Préparées par les marques de satisfaction que leur attire l'application journalière, elles accueilleront plus favorablement vos essais d'influence. Vous êtes libre, me dites-vous, de cinq à six heures, ayez la généroité de donner ces temps à l'éducation. Une causerie en tête-à-tête fera souvent plus de besogne qu'une semaine de leçons de morale en classe. Ces premières initiées vous récompenseront largement de vos fatigues, en devenant plus tard de précieux auxiliaires. En plus, elles seront pour vous ce coin reposant du cœur qui embellira vos journées, et sans lequel nulle créature ne peut supporter longtemps, sans amertume, les tristesses et les déceptions inhérentes à toute tâche. Peu à peu, vous vous formerez un noyau composé des meilleures et des plus intelligentes élèves. Alors, quand vous les sentirez acquises à vos idées, il sera facile de leur faire comprendre qu'elles doivent rendre ce qu'elles ont reçu, en attirant leurs compagnes vers le bien. Vous verrez quel zèle elles déploieront.

Pour vous, ce sera le moment, ayant une garde d'élite, de vous occuper de l'ennemi. Avant tout, tâchez de le gagner ; mettez-y beaucoup de temps, de patience et surtout de bonté. Il est à croire que vous réussirez. Cependant si vous avez affaire à une nature réellement mauvaise, il faudra travailler à isoler son action, en gagnant du terrain chaque jour et en flétrissant hautement chaque acte répréhensible.

S'il s'agissait d'un établissement libre, je conseillerais à la Directrice, après un vain essai de tous les moyens de persuasion, de rendre à ses parents une semblable jeune fille, mais dans une école communale, le renvoi est plus difficile. Vivez donc avec votre ennemi en vous efforçant de le rendre impuissant.

Les soins que l'on doit prendre pour l'atmosphère morale ressemblent à ceux que l'on prend pour l'atmosphère physique. On chasse les miasmes putrides en ouvrant les fenêtres toutes grandes aux brises printanières, aux bienfaisantes haleines du vent d'est. Ainsi vous ferez avec l'aide de vos vaillants auxiliaires.

Ce ne sera pas l'œuvre d'un jour, mais combien vous serez récompensée en voyant le milieu se transformer doucement autour de vous : l'hostilité tomber, la défiance disparaître, l'entente se faire de plus en plus entre la maîtresse et les élèves, tant et si bien que le travail en commun deviendra chose joyeuse. Alors, votre action sera réellement efficace ; vous aurez vaillamment labouré votre part du champ du père de famille, et la semence y germera.

LETTRE XX

Ma chère Yvonne,

Un bruit des plus singuliers a frappé mon oreille, car la nouvelle fait rumeur dans Landerneau ; on dit, et je ne puis le croire... que ma petite amie de Guingamp... thésaurise avec l'âpreté d'un vieux Juif ! On ajoute, j'ai honte de le répéter, que cette fillette de treize ans a complètement perdu le souvenir des dates chères à la famille, et absolument rompu avec les saints Patrons. Le premier janvier lui-même la laisse indifférente. Elle résiste aux charmants lutins qui la sollicitent sous la forme de cadeaux. Un réel et triste concert, hélas ! qui proclame, sous toutes les formes, que vous êtes, ma chère enfant, une petite avare. Il paraît que c'est une cruelle chose pour vous lorsqu'il s'agit de dénouer les cordons de votre bourse ; que vous trouvez cent raisons meilleures les unes que les autres pour conserver vos pièces blanches. Aux pauvres eux-mêmes, le croirait-on ! vous faites la sourde oreille.

Avare à treize ans, il y a de quoi stupéfier depuis la grand'mère jusqu'à la petite Marie-Anne, qui donne si gentiment ses sous. Aussi, dans la famille, jette-t-on le cri d'alarme.

Je suis persuadée que notre Yvonne ne comprend pas ce que veut dire ce vilain mot : Avarice ! ni tout ce que le plaisir de compter et recompter un petit pécule, dans le silence de la solitude, a de répugnant !... oui, répugnant, le mot n'est pas trop fort.

Lorsque, me dit-on, on s'est aperçu de ce malheureux penchant, on a cru d'abord à quelque grand projet de dépense : une amabilité ou une bonne action pour laquelle il fallait une certaine somme ; mais les mois ont passé, alors, il a fallu se rendre à l'évidence : vous aimiez l'argent pour l'argent, renonçant même aux choses qui semblent les plus agréables à votre âge, afin de conserver votre trésor intact. Le temps, au lieu d'apporter un changement à vos sentiments, n'a fait qu'accroître votre honteuse passion. Oh! si honteuse, Yvonne! L'argent n'est autre chose qu'une monnaie de convention destinée à favoriser l'échange des divers produits nécessaires à l'existence. Dès qu'il ne sert ni à la nourriture, ni au vêtement, ni à faire le bien, ni à faire plaisir, il n'existe pas : autant vaudrait mettre à la place ces jolis cailloux roses que petit Poucet ramassait dans les bois; mieux même, car l'argent qui ne sert pas noircit et sent mauvais, à la longue.

L'avarice est de tous les défauts celui par lequel le cœur se pétrifie le plus vite. Déjà vous aimez l'argent plus que la satisfaction de vos parents, que la joie de vos frères et sœurs; ne vous récriez pas, cela est vrai. Etes-vous de celles qui ne trouvent jamais rien de trop beau pour l'offrir à ceux qu'elles aiment? bien au contraire, vous vous contentez de petits travaux à très bon marché; vous êtes laborieuse, je le reconnais. Quelle désagréable fourmi vous faites! Vrai, je préférerais une folle cigale.

Prenez garde, je le répète, à ce régime votre cœur deviendra bientôt un caillou très dur. Il est des passions généreuses, mais celle de l'argent n'a jamais produit que stérilité et impuissance. Ne sentez-vous pas, depuis que vous vous livrez à ce malheureux penchant, chaque bon instinct faiblir en vous?

Ma chère Yvonne, il faut réagir avec courage,

il n'est que temps ; vous êtes intelligente et je suis persuadée qu'en éveillant votre conscience, on provoquera l'action de votre volonté.

L'avarice est la négation de tout ce qu'il y a de grand, la négation de la générosité : depuis celle qui consiste à offrir son argent jusqu'à celle qui donne sans compter les grâces de son esprit et les tendresses de son cœur. Il n'y a que ceux qui donnent qui sont riches, mon enfant. Eussiez-vous les trésors du Crésus de votre Histoire ancienne, ils seraient chose morte, si vous ne les répandiez autour de vous.

Comprenez-vous les désastres que peut provoquer ce terrible défaut? Y croyez-vous? Voyez-vous toute l'horreur d'une pareille passion capable d'annihiler en vous tout ce qu'il y a de bon et de dénouer lentement, mais inévitablement, vos meilleurs liens de famille et d'amitié, en écartant de votre route tous les gens de cœur? Oh! vous n'aviez pas songé à cela, ma pauvre enfant. Rien de perdu encore, vous avez de la foi, du jugement, quand la passion ne l'aveugle pas, une volonté ; imposez-vous un petit sacrifice journalier, et la victoire est assurée. Prenez la résolution de dépenser une certaine somme par semaine. Les premiers efforts vous coûteront, mais la récompense vous dédommagera vite, et au-delà, par le contentement intérieur et la liberté reconquise.

Vous comprendrez alors que l'argent n'a de mérite que par les services qu'il rend ; dans l'immobilité de l'avarice, il n'existe plus. Savoir s'en servir, à la bonne heure ! Ceux qui le prodiguent pour des riens ou en font un mauvais usage ont grand tort, mais ceux qui l'enterrent font pis encore.

Vous n'aviez besoin que d'être avertie, ma chère Yvonne. Vous ouvrir les yeux était une tâche qui appartenait de droit à votre vieille amie, et vous le voyez, malgré mon très vif déplaisir d'être obligée de vous faire de la peine, j'ai fait mon devoir.

Faites le vôtre, mon enfant, résolument et avec persévérance. Brisez courageusement le veau d'or. Ce dieu ne possède que des fleurs sans parfum et des offrandes dont la vie du cœur est absente.

LETTRE XXI

Ainsi, ma chère Clémence, vos deux jeunes nièces sont installées près de vous. La mort de votre frère a rendu complètement orphelines ces pauvres enfants qui avaient eu le malheur de perdre leur mère.

Comme vous allez les aimer ! je connais votre cœur... quel nid chaud ces chères petites vont trouver dans votre jolie demeure ! Mais cette tâche, dans sa douceur, ne manquera ni de responsabilité, ni de préoccupations. Déjà, votre sagacité s'est exercée, et vous me faites part de vos découvertes.

Vos nièces, dont l'une a treize ans et l'autre onze, paraissent d'un caractère froid et peu communicatif. « Elles n'ont, me dites-vous, rien de l'expansion de l'enfance. Dans les premiers temps, je pensais que le chagrin qu'elles ressentaient et ressentent encore de la perte de leur père, les tenait ainsi renfermées et peu causeuses, mais qu'en se familiarisant avec leur nouvelle situation, elles reprendraient l'abandon habituel à la jeunesse ; il n'en est rien. L'éloignement, il est vrai, empêchait les relations d'être fréquentes entre mon frère et moi, cependant elles me connaissent et parfois ont fait d'assez longs séjours près de moi. L'aînée reste le plus souvent silencieuse ; et, si sa sœur cause davantage, je n'en suis pas plus satisfaite pour cela. J'ai attendu, examiné patiemment, enfin mon jugement est fixé. Je vous le formulerai en deux mots : Solange est timide et Bathilde est fausse. Toutes deux paraissent avoir une intelligence moyenne. L'imagination semble plus vive chez la première, mais chez la seconde, je crois la volonté plus forte. »

Vous faites suivre l'énoncé de ce jugement d'explications complémentaires qui achèvent de m'édifier sur le compte de ces chères enfants.

Solange ne luttera pas longtemps contre votre affection, déjà vous sentez cette jeune individualité se détendre. Ne la pressez pas, laissez son cœur prendre confiance. Encouragée, attirée par votre bonté, bientôt elle ne se dérobera plus à votre sollicitude. A bref délai, vous la verrez s'appuyer sur vous avec bonheur et accepter votre affectueuse tutelle. Les âmes timides sont souvent des âmes tendres qui s'épanouissent délicieusement dans un milieu favorable.

Les pauvres enfants ont perdu leur mère dans l'âge le plus tendre et la servante qui, pendant les fréquentes absences de M. Marville, gouvernait seule la maison, ne vous plaisait guère, je me le rappelle, malgré son véritable talent pour administrer l'intérieur. C'est seulement dans les foyers que les mères savent rendre chauds et doux, que le cœur des enfants se développe ainsi que la fleur au soleil. Du reste, la timidité et la réserve de l'aînée de vos nièces ne vous inquiètent guère; c'est Bathilde qui vous préoccupe.

Son cas est grave.

Les dissimulées manquent non-seulement totalement d'expansion, mais encore, elles s'efforcent de dérober leurs véritables sentiments, de voiler leurs pensées, de donner le change à l'occasion. Ce triste défaut est le résultat d'une mauvaise éducation première, lorsqu'il n'est pas l'effet d'une nature vicieuse. Le souci de paraître les occupe infiniment plus que celui d'être. La galerie existe de bonne heure pour leurs aspirations précoces. Et si des soins intelligents ne parviennent à redresser jugement et volonté, plus tard la jeune fille, la jeune femme vivra sans principes, au gré des circonstances et des vanités du moment, qu'elle pourra bien masquer, mais non surmonter. Et pourtant il lui faudrait moins de travail, de courage, pour vaincre ce défaut que pour obtenir ce pouvoir vraiment extraordinaire sur soi-même, lequel fait que l'on ne prend jamais les dissimulées sans vert ; chaque coup qu'on leur porte est paré par une impénétrable armure tissée de patience et d'artifice.

On porte des fers, rivés et étroits, mais on les a choisis, et ils semblent sans doute plus légers que les doux liens de la vérité et de l'expansion. Dans le monde, dans la famille, rien de plus nuisible que ces êtres trompeurs, car à la vraie dissimulation, la fausseté s'unit toujours.

Par bonheur, dans le cas qui nous occupe, il s'agit d'une enfant. Là, tout est en formation et peut se modifier. Bathilde a perdu sa mère à deux ans. Dans son enfance, elle a reçu les fâcheuses empreintes d'une autorité sans principes ; et bien que, plus tard, cette autorité l'ait repoussée par sa grossièreté, certaines lignes fâcheuses de cette influence se sont imprimées sur la cire molle de son âme.

Ce sera une rude et longue tâche, ma chère Clémence, que le traitement de l'un des défauts les plus meurtriers que je connaisse, mais à l'âge de Bathilde, les impressions sont encore légères et peuvent être remplacées par de plus saines.

Recommandez votre nièce à sa maîtresse de

pension, et vous-même. mettez-vous bravement à la besogne.

Le meilleur moyen, il me semble, de combattre un défaut, c'est de cultiver la vertu opposée. L'approbation réussit souvent mieux que les reproches ; alors, vous glorifierez la franchise.

Lorsque votre petite nièce s'apercevra que chacun autour d'elle dit la vérité et pense ce qu'il dit, une certaine honte la prendra au moment d'articuler un mensonge. Il est vrai que le plus souvent l'habitude prévaudra. Ce n'est pas un vain dicton celui qui proclame l'habitude une seconde nature. Vous flétrirez le mensonge, à l'occasion, assurant que vous n'avez d'estime et d'affection que pour les gens véridiques. Quand vous prendrez Bathilde en flagrant délit de fausseté, stigmatisez cet acte d'un blâme énergique. Peu de paroles, mais que votre attitude reste longtemps froide et attristée, parfois légèrement méprisante ; car ce sont les sentiments que l'on éprouve dans ce cas.

Au moindre essai de franchise de sa part, encouragez-la par un affectueux : « C'est bien, mon enfant. »

Si sa tentative de droiture a été réellement énergique, donnez-lui une poignée de main en signe d'approbation virile ; il faut appeler la fierté à l'aide. Elle aussi peut concourir à débarrasser cette jeune âme de ses honteux liens.

Lorsque vous aurez remporté quelques sérieux

avantages, le moment sera venu d'expliquer à Bathilde la bassesse de la fausseté et les dégradantes conséquences qui en découlent. Si vous pouvez la convaincre, la cause sera gagnée ; si vous ne faites que l'ébranler, vous attendrez ; toute œuvre est tissée de patience.

Lorsque la guérison commencera réellement, vous aurez à soutenir la chère petite, car les rechutes seront nombreuses et le découragement la guettera. Mais n'entreprend-on pas des cures de longue haleine pour soigner le corps, est-ce que l'âme, cette immortelle, ne demande pas plus de soins encore ?

Courage, ma chère Clémence, à force de soins, vous vaincrez un mal cruel et honteux. Alors Solange et surtout Bathilde vous devront mieux que le bonheur : une noble vie intérieure dont vous aurez puissamment aidé à assainir la source.

Là-haut, votre frère bien-aimé et sa compagne fidèle vous béniront pour le bien que vous aurez fait à leurs chères enfants.

LETTRE XXII

Ainsi, chère Mademoiselle, vous voici placée à la tête de la première classe. Je vous félicite, tout en comprenant combien la responsabilité de ce poste de confiance doit vous sembler lourde.

En vous quittant, vos jeunes élèves entreront

dans le monde. Elles emporteront sur leur esprit le cachet du vôtre, et dans leur cœur on retrouvera le reflet de votre enseignement moral. Leur existence, celle de ceux qui les entourent, peuvent être éclairées ou compromises par le plus ou moins de réussite de vos leçons. Ni la gravité, ni la noblesse de cette mission ne vous échappent.

A vous de condenser, d'éclairer, d'ancrer l'enseignement moral des classes préparatoires, de leur faire prendre corps dans un état d'âme qu'il suffit de quelques mots pour rendre : la volonté et l'amour du devoir.

Si, dans l'âge mûr, on peut mettre à son accomplissement une volonté plus vigoureuse, dans la jeunesse seulement on en ressent vraiment l'enthousiasme.

Votre situation est excellente pour arriver aux meilleurs résultats : vous appartenez à un pensionnat libre, dont la directrice, intelligente et soucieuse avant tout du bien, non seulement vous laissera toute liberté, mais vous aidera puissamment. Vous n'aurez non plus à lutter contre aucune contradiction du dehors, l'autorité étant chez vous solidement établie. En outre, vos élèves, pour la plupart, appartiennent aux classes éclairées de la bourgeoisie et leur nombre est restreint. Tout est donc favorable pour rendre votre action facile,

Serait-ce un hors-d'œuvre de chercher ensemble ce que peut contenir ce simple mot : devoir.

Tout devoir repose sur l'idée de justice et en est la conséquence pratique. Il relève également de la responsabilité individuelle dont il forme la synthèse. Sous ce nom, on a groupé toutes les obligations que contracte l'homme doué de la raison et du libre arbitre. L'auxiliaire du devoir est la conscience; son ennemi le plus acharné, l'égoïsme ou l'amour de soi, non dans l'ordre, mais dans l'anarchie de la passion.

Examinerai-je avec vous la signification de ce mot pour la jeune fille? Celle-ci doit être la joie et le charme du foyer domestique. Il lui faut posséder, non seulement les forces vives du cœur, mais encore une volonté déjà exercée, afin qu'à l'occasion elle puisse trouver l'énergie propre à la lutte, à la persévérance de l'effort et au support vaillant de la douleur, soit physique, soit morale ; ce en quoi, disons-le en passant, la femme est presque toujours supérieure à l'homme.

Entrons dans quelques détails.

Appartenant chez vous à la classe aisée, la jeune fille deviendra l'aide affectueuse de sa mère dans le gouvernement du ménage. Elle parera les appartements et s'initiera aux fonctions culinaires. Connaissant les goûts des membres de la famille, elle saura les prévenir. Son esprit cultivé la rendra capable d'intelligente attention aux lectures, aux conversations sérieuses. Savoir écouter est un véritable mérite dans les rapports intimes aussi bien que dans les rapports sociaux. Ce qui ne l'empêchera pas, le cas échéant, sans sortir de la réserve qui doit toujours la caractériser, de donner la réplique, d'animer l'entretien par des interrogations judicieuses, indiquant l'intérêt qu'elle prend à la discussion. Jamais elle n'aura ce regard vague, lequel semble dire à ceux qui parlent : « Vous n'êtes guère amusants ! » Et tout sera bénéfice pour l'aimable jeune fille, laquelle acquerra ainsi, sans fatigue, des notions nouvelles et instructives, tout en s'attirant, ce qui vaut mieux encore, l'estime et la sympathie.

Le juste souci de soigner sa tenue et de porter des toilettes élégantes, ne dégénèrera jamais en abus. Son esprit, habitué à des pensées plus hautes, ne le tolèrerait pas. Toujours quelque devoir, quelque travail, réclameront ses soins. Une vie active est la plus heureuse des existences.

On arrive à ce résultat, Mademoiselle, quand l'idée du devoir a germé dans l'âme par la foi. Alors, la conscience solidement assise, donne une sûreté de marche que les défaillances et les chûtes ne peuvent entraver longtemps. Lorsqu'on a mis en lieu sûr ses espérances, que l'on comprend le but de la vie, les efforts semblent plus faciles et les épreuves moins rudes à supporter.

Il faut donc de bonne heure familiariser vos jeunes pupilles avec l'idée du devoir. Vous devez le leur faire comprendre : personne ne peut s'y soustraire, quelle que soit la forme sous laquelle il se présente, elles doivent être décidées à ne jamais s'en écarter et à l'accomplir avec générosité.

Voyons quels sont les moyens d'arriver à un but si désirable.

En premier lieu, les leçons d'histoire surtout, où se rencontrent de nombreux faits de morale en action, de sublimes sacrifices à la patrie, à l'honneur. Ensuite, la revue du samedi dont je vous ai déjà parlé et qui, dans la première classe, doit atteindre la hauteur d'un enseignement religieux.

Voici encore plusieurs moyens dont je me suis servie avec efficacité : la conversation, le carnet et les notes.

La conversation, vous savez déjà quels heureux résultats elle donne.

Lorsque vous sentirez une jeune âme conquise à l'amour du bien, vous pourrez lui conseiller le carnet, comme une constatation de ses efforts.

Voici en quoi consiste ce moyen.

Écrire sur le carnet les vertus que l'on désire acquérir et auxquelles la volonté est réfractaire, telles que : l'obéissance, la loyauté, le support mutuel, etc. ; puis, chaque soir, marquer à l'instar des leçons journalières, la note méritée. Ce petit examen consciencieusement fait est excellent. Je l'ai vu aider puissamment au progrès moral.

Lorsque vous verrez de courageuses jeunes filles persévérer dans cette voie, vous pourrez leur suggérer de confier au papier d'une manière plus explicite cet examen de soi-même dont les chiffres du carnet ne forment que la silhouette. J'ai pres-

que toujours, en pareil cas, trouvé un acquiescement heureux, parfois enthousiaste, suivant les
natures. Beaucoup ont dû leur véritable amélioration à ces humbles moyens, employés avec persévérance. On s'habitue à réfléchir, à fixer sa pensée, à l'analyser en l'épurant. A ce régime, la volonté prend de la force et la conscience de la lumière. Le samedi, il était rare que toutes ne
m'apportassent pas leurs cahiers. Alors, j'écrivais
quelques paroles d'encouragement; je donnais
les explications demandées. Dans ce colloque intime, la maîtresse doit disparaître. il ne reste plus
que l'amie, sur le dévouement et la discrétion de
laquelle on peut compter,

J'ajouterai pour finir que j'avais fait prendre
aux élèves du premier cours l'habitude de copier
sur un album les pensées qui les frappaient dans
leurs lectures.

Plus tard, notes et albums devenaient pour
ces jeunes filles de précieux souvenirs. Après
l'incendie de sa demeure, dont on n'avait pu
sauver le mobilier, l'une d'entre elles m'écrivait :
« Les robes se remplacent, mais mes chers
cahiers, je ne pourrai jamais les remplacer. » Une
autre encore, après l'inoubliable guerre de 1870,
s'écriait : « Oh ! Mademoiselle, ils ont pillé,
déchiré tous mes petits trésors de la pension. »

Que vous dirai-je en finissant cette lettre déjà
longue, sinon ceci : songez que ce n'est pas seulement votre esprit qui doit s'infiltrer comme une

essence dans ceux de vos jeunes pupilles ; qu'il
ne suffit même pas que leurs cœurs s'imprègnent
des générosités du vôtre ; il faut que votre âme
les enveloppe d'une atmosphère favorable à l'éclosion des sentiments élevés qui, plus tard, gou-
verneront leur vie.

LETTRE XXIII

Ma chère Henriette,

Les travaux incessants du commerce vous ont
empêchée de vous occuper de Thérèse autant
que vous l'eussiez désiré (il est des exigences auxquelles on ne peut se soustraire) ; alors, c'est seulement pendant votre séjour de vacance à la mer,
que vous avez pu prendre connaissance du caractère de votre enfant ; cette connaissance, à en
juger par votre lettre, ne laisse pas d'avoir été
pénible.

Ainsi, notre fillette est une égoïste de franc jeu ;
pensant à elle d'abord et encore à elle ensuite ;
se faisant la meilleure part en tout, et se préoccu-
pant fort peu si les autres sont contents de la leur.

Vous vous êtes fâchée, vous avez dit de dures
vérités, lesquelles ont provoqué des larmes. En
fin de compte, votre séjour à Dinard a été fort
assombri par cette découverte.

Je comprends votre chagrin, voire votre indignation, et je vous approuve complètement de

garder Thérèse à la maison, au lieu de la laisser retourner en pension une année encore. Vous lui ferez donner à domicile les leçons nécessaires pour achever son éducation. Chez vous, elle ne manquera pas d'occasions de se dépenser : la comptabilité à laquelle vous voulez l'initier, la surveillance et les soins du ménage, les petites sœurs, dont elle devra commencer l'instruction, lui seront autant d'invitations à l'activité et au dévouement. La sollicitation de l'exemple la pressera de toutes parts. Elle verra son père, livré du matin au soir à tous les tracas d'une direction grosse de responsabilité ; vous-même, sans cesse occupée, bravant chaque jour la fatigue et de fréquents malaises. Tout cela pour assurer le bien-être actuel et l'avenir de vos enfants. L'activité de son frère aîné sera également pour elle d'un excellent exemple. Impossible de trouver une meilleure école pour la convaincre de la laideur de l'égoïsme et de sa pauvreté.

Forcée, par d'autres préoccupations que celles qui se rapportent à son encombrante personnalité, de détourner sa pensée d'elle-même, elle finira par s'apercevoir du charme qu'il y a à se donner aux autres, et de l'intérêt que l'on peut prendre aux choses en dehors de soi. Puis, vous serez là pour encourager l'effort et lui en expliquer la noblesse.

L'effort est la pulsation de la vie morale. C'est lui qui indique l'état de santé de l'âme et le degré d'amélioration où elle est parvenue. Dans les natures violentes, mais généreuses, il a des battements précipités, bientôt suivis d'arrêts soudains ; dans les âmes bien équilibrées, il est moins accentué, mais plus constant.

Dans la volonté de notre Thérèse, l'effort se fera d'abord faiblement sentir ; puis, peu à peu, il ira grandissant, et quelque beau jour, vous serez tout étonnée de voir cette triste disposition à l'égoïsme disparaître du cœur de votre fille.

Rien ne vaut un cercle d'activité à la fois physique et moral, pour atteindre le but que vous vous proposez.

Il faut laisser à Thérèse la responsabilité de certains devoirs journaliers. La responsabilité provoque l'intérêt et l'activité au travail. En concourant chaque jour au bien-être général, il est impossible que le but de ses efforts ne devienne pas plus large, plus impersonnel. Au foyer de la famille, le cœur s'éveille beaucoup plus vite qu'au milieu d'un pensionnat, dans le premier, l'intérêt étant à la fois général et particulier. Vous devrez lui remettre presque exclusivement le soin des jeunes sœurs. Confiez-vous à ces adroites petites mains d'enfants pour rompre les liens de l'égoïsme le plus enraciné. Qui pourrait résister à leurs sourires, à leurs appels à votre dévouement, à votre tendresse ? Ce ne sera pas Thérèse. Vous la verrez se transformer sous vos yeux. Peu à peu, le cœur s'amollira ; des sensations plus douces s'y infiltreront, faisant éclore un sentiment nouveau dont la douceur la charmera elle-même. Elle se sentira heureuse de vous aider, de donner, à votre exemple, le meilleur de son cœur à ceux qui l'entourent.

Elle comprendra alors la pauvreté misérable de son temps d'égoïsme, et, la conscience aidant, elle apprendra à sortir d'elle-même.

Il ne faut pas confondre ce mot avec celui d'abnégation, qui éveille une idée de tristesse et de passivité, tandis que le premier parle de lutte animée et heureuse par sa propre fécondité.

Sortir de soi-même est, pour la femme surtout, une impérieuse nécessité. Elle ne peut sans cela accomplir entièrement et efficacement ses devoirs de fille, d'épouse et de mère.

D'abord on sort de soi pour être utile aux autres.

Là, se déroule la chaîne des actions qui ont l'intérêt moral ou matériel des autres pour objet. À chaque instant, à travers les occupations journalières, on trouve l'occasion d'agir pour autrui. Sans la chercher, elle se présente d'elle-même. Il suffit de se tenir prêt dans la simplicité d'une volonté toujours disposée à suivre la direction providentielle. Et ici, il ne s'agit nullement des âmes de haut vol aspirant aux missions héroïques, mais bien de nous tous, simples soldats de l'armée humaine.

Je crois, pour l'avoir observé, je sais, pour

l'avoir expérimenté, que chacun, sans s'écarter de son chemin, trouve, suivant ses facultés, une tâche à accomplir.

Des tâches ? il y en a pour toutes les bonnes volontés.

Rien n'est plus attristant que de considérer le nombre et la valeur des forces dépensées dans le vide.

En second lieu, il faut sortir de soi-même pour faire plaisir aux autres.

La jeune fille sans amabilité manque absolument de charme. Celle qui ne sait ni dire le mot affectueux, ni accomplir la prévenance gracieuse, n'est qu'une fleur sans parfum. L'amabilité aide plus à la cohésion de la famille que tout autre vertu. Sous sa forme modeste, elle renferme une grande puissance.

La jeune fille aimable sait se prêter avec bonne grâce à ce qui la dérange, à ce qui l'ennuie. Quitter le livre favori, l'ouvrage attrayant, pour une corvée quelconque, est une bonne gymnastique à cet égard ; et bientôt l'ennui des petits sacrifices se perdra dans l'exquise jouissance de faire plaisir.

Plus tard, par la grâce de ses manières, par sa gaieté, elle saura rendre la maison agréable à son mari et à ses enfants. Elle devinera les petites industries qui font naître le plaisir en provoquant l'intérêt. Ses talents contribueront à l'amusement de tous. Elle saura jouer le morceau qui peut plaire à son auditoire et non celui qu'elle préfère.

Les personnes aimables à la maison le sont presque toujours en société, mais les personnes aimables en société ne le sont pas toujours en famille. C'est qu'alors leur amabilité ne vient ni du cœur, ni d'une volonté réellement sortie d'elle-même.

Convaincre Thérèse de s'oublier pour penser à autrui, lui persuader que nous avons charge du bonheur les uns des autres, ne sera pas chose facile, mais la tendance égoïste finira par céder à la pente irrésistible des affections de famille, à votre exemple journalier et à la douceur persuasive de votre enseignement.

LETTRE XXIV

Ma chère Valentine.

Ainsi la lumière s'est faite !... Il a fallu du temps, beaucoup de temps, mais enfin aujourd'hui, me dites-vous, nul doute ne subsiste plus dans votre esprit : Votre nièce, cette charmante créature douée de tous les talents comme de toutes les vertus... apparentes, est, en fin de compte une insinuante, et une insinuante si habile que, si comme toutes les insinuantes, elle a fini par semer le doute et le malaise autour d'elle, à séparer la mère et la fille, elle n'a jamais été prise en faute.

Depuis six mois, la lecture de vos lettres me devenait de plus en plus pénible, je voyais avec tristesse la défiance s'asseoir à votre foyer ; mais n'étant pas sur les lieux, je ne pouvais que faire des suppositions dont prudemment je m'abstenais de vous faire part. Et pourtant je ne pouvais croire que Blanche, que j'avais connue si franche, si expansive, si aimable, eût pu, tout à coup, sans motif, devenir sombre et maussade. Vos lettres étaient remplies d'amères réflexions à cet égard. Le caractère de votre fille, me disiez-vous, s'altérait sensiblement. Envers sa cousine, elle était froide, souvent violente et injuste ; avec vous, renfermée et susceptible ; toute confiance semblait avoir disparu ; l'affection elle-même paraissait s'affaiblir. Puis, suivaient d'intarissables discours sur les perfections de votre nièce ; sur son intelligence, son savoir faire et l'égalité de son caractère. Adroite, serviable et gracieuse, vous ne lui trouviez pas un défaut.

Je ne sais pourquoi tous ces éloges sonnaient mal à mes oreilles. Je n'ai jamais cru aux perfections, n'en ayant jamais rencontré. La pauvre nature humaine ne m'a montré, chez les autres comme chez moi-même, qu'un mélange de bons et de mauvais instincts, au milieu desquels évolue une volonté plus souvent faible et hésitante que vigoureuse et assurée. C'est pourquoi je risquai quelques doutes, je parlai des inévitables imperfections encore ignorées de cette séduisante jeune persohne ; mais surtout je proclamai hautement qu'il y avait une cause dans le changement de votre Blanche ; que c'était cette cause qu'il fallait chercher. Et j'ajoutai : n'aurait-elle point quelque grief contre sa cousine ? Alors, vous vous récriâtes : Mlle Verlet était charmante et d'une indulgence excessive pour Blanche, atténuant sans cesse les torts de cette dernière, laquelle, le plus souvent, lui répondait avec une aigreur que rien ne pouvait justifier.

Par bonheur, votre nièce est partie pour L... Là, elle a passé quinze jours chez sa sœur. Pendant ce temps, bien que Blanche restât silencieuse, vous avez pu constater que l'entente se refaisait peu à peu entre vous, les cœurs allaient s'ouvrir... Mlle Verlet est revenue, et le malaise a repris de plus belle.

Alors, je vous ai engagée à observer les nuances les plus subtiles, les faits et les mots les plus insignifiants en apparence, et après un long et laborieux examen, la lumière vous est apparue nette et brillante.

Au milieu des qualités très réelles que possède cette jeune fille, une tache fait ombre : l'habitude de l'insinuation.,. La bienveillance ne craint ni la franchise de l'expression, ni la clairvoyance sur ses intentions. L'insinuation, au contraire, marche dans l'ombre, s'efforçant de faire passer son venin pour du miel.

Ma chère Valentine, vous êtes vous-même trop

vraie pour deviner ces perfidies. Vous sortiez toujours plus mécontente de Blanche d'une conversation avec votre nièce, et cependant, celle-ci semblait n'avoir fait que l'éloge de sa cousine. Mais il y a éloge et éloge, comme il y a blâme et blâme.

L'insinuant lance le premier de manière à faire naître la suspicion. Du second, il augmente la gravité, sans qu'il semble y avoir rien à reprendre dans les termes ; mais il y a le ton, la réticence, l'exagération de l'éloge, la surprise trop douloureuse d'un blâme à infliger ; que sais-je ? le silence même est éloquent. Nous pouvons encore noter les interrogations insidieuses sous un air bon enfant ; les étonnements candides, les mots vipérins qui jettent le doute ; encore les paroles risquées sous la rubrique commode de *On*, etc. Il est très difficile de définir ce genre d'insinuation, émanation malsaine d'un cœur jaloux.

L'insinuant procède, pour l'ordinaire, avec une adresse, une légèreté, une sûreté de main dignes d'un meilleur emploi.

Blanche, trop inexpérimentée pour parer les coups et définir les intentions secrètes, n'en sentait pas moins l'aiguillon empoisonné. La lumière s'est faite pour elle plutôt que pour vous, mais, blessée de votre injustice apparente et refoulant toute plainte, elle s'est tue. Enfin, une explication a eu lieu entre vous ; vous vous comprenez maintenant, la confiance est revenue et avec elle la paix. Mais, Mlle Verlet, de nouveau absente, doit revenir dans huit jours, et cette perspective vous serre le cœur. Non que vous craigniez de retomber dans vos anciennes misères, oh ! non, il ne peut plus y avoir ni doutes, ni malentendus entre vous, mais comment agirez-vous envers un hôte devenu suspect ? Chaque parole, chaque intention de votre nièce sera maintenant percée à jour avec une impitoyable clairvoyance. Plus on a été aveugle, plus on voit clair une fois le bandeau enlevé. En face d'une telle situation, vous vous sentez oppressées toutes deux.

S'il s'agissait d'une connaissance mondaine, je vous dirais : dénouez doucement les légers liens de société qui vous unissent, ce genre de personnage n'est pas bon à fréquenter ; mais, lorsqu'il s'agit des liens sacrés de la famille, la ligne de conduite doit être tout autre.

Mlle Verlet a eu le malheur d'être orpheline à quinze ans. Depuis seize, sa position a toujours été subordonnée et souvent pénible. Demoiselle de compagnie chez une vieille dame qui vient de mourir en lui léguant le pain de chaque jour, sinon l'indépendance, qui peut savoir ce que votre nièce a eu à souffrir des exigences de cette dame et de la jalousie de certains membres de la famille ? Qui dira quels levains d'amertume ont fermenté dans cette âme silencieuse ? Quelles irritations, quelles dépits, quelles colères l'ont torturée, sous le poids de traitements immérités et d'injustices criantes ?

Voilà des droits à la bienveillance, ma chère Valentine. Dites à Blanche, afin qu'elle devienne indulgente à son tour, qu'il est facile aux gens heureux d'être bons. Qu'elle s'en souvienne, sa propre vertu a sombré aux premières atteintes de l'injustice. Nous aussi, nous avons nos infirmités morales, ne crions pas trop fort *Tolle* sur celles des autres.

A son retour, recevez-la avec bonté, mais sans omettre, à l'occasion, de lui laisser apercevoir que vous connaissez son jeu et le trouvez odieux. A part cela, soyez bonne et affectueuse ; à vingt-deux ans, on peut encore se corriger.

De deux choses l'une : ou votre clairvoyance lui deviendra insupportable et elle se dérobera ; alors, au lieu de passer l'année entière près de vous, ainsi qu'il était convenu, elle se replacera prochainement ; ou bien, attendrie par votre indulgence et par le souvenir des souffrances qu'elle vous a imposées, ainsi qu'à Blanche, elle écoutera la voix de sa conscience et s'efforcera de revenir au vrai. Elle est très intelligente, me dites-vous, six mois passés dans votre société lui feraient un bien infini. Cette âme, à laquelle la méfiance et la jalousie donnaient une complexité si révoltante, rassurée sur la justice et la sympathie de ceux qui l'entourent, reviendra à sa droiture naturelle ; dans ce cas, l'affection qu'elle éprouvera pour vous sera doublée de tout le contentement que lui donnera la conscience d'avoir combattu le bon combat.

LETTRE XXV

Ma chère Charlotte,

Votre lettre m'attriste sans me surprendre. J'aurais mauvais goût à vous répéter les observations que je vous fis, alors que vous m'apprîtes votre résolution d'entrer comme institutrice dans une maison particulière ; d'autant plus que vous-même, avec une loyauté touchante, avouez avoir agi avec légèreté. Tous les inconvénients dont l'expression vous semblait exagérée et la réalisation douteuse, vous les palpez aujourd'hui d'une main impitoyable, demandant si vous ne devez pas sacrifier cette position, avantageuse sous le rapport pécuniaire, à vos justes susceptibilités.

Eh bien ! maintenant que vous êtes sur la brèche, je vous conseillerai d'y rester ; vous pourrez ainsi sauvegarder la vieillesse de votre mère et préparer l'avenir de votre jeune sœur. Cette perspective doit adoucir nombre d'amertumes ; de plus, n'oubliez pas que les commencements sont difficiles partout.

La dignité, en général, et celle de l'institutrice en particulier, court grand risque dans une situation où l'arrivante, ne comptant pas au nombre des maîtres, est cependant au-dessus des domestiques.

Malgré cela, je pense qu'avec beaucoup de réserve et du tact, on peut sauvegarder la dignité partout.

Essayons d'envisager les choses au point.

Dans la salle d'études, votre véritable domaine, vous devez être maîtresse et absolument libre de vos mouvements.

Cependant, déjà sur ce terrain, les difficultés apparaissent.

De vos deux élèves, l'une, Bérangère, âgée de douze ans, aime l'étude, mais son caractère est intraitable ; la seconde, Germaine, d'une humeur plus agréable, vous désespère par sa paresse. Caressante et douce, la petite essaie de se dérober à tout effort ; ne réussissant pas près de vous, elle va trouver sa mère et obtient presque toujours l'aide qu'elle désire ; ce qui entrave vos prescriptions. Alors, pensant avec raison qu'une explication avec cette faible maman était indispensable, vous l'avez provoquée avec ménagement et bonne grâce.

Par malheur, M. de P... est entré au salon au milieu de l'entretien. Saisissant vite la situation, il vous a donné raison pleine et entière, en termes qui ont blessé sa femme. Depuis ce temps, Germaine travaille un peu, mais Mme de P... est d'une grande froideur à votre égard. Bérangère vous montre plus d'éloignement que jamais.

Vous n'osez vous appuyer de l'autorité du maître, et vous avez raison, il ne le faut, et ne le faudra jamais. Seule, l'aïeule, mère de Monsieur de P..., apprécie vos efforts et les encourage. Voilà un point d'appui précieux, la comtesse douairière étant fort respectée de ses enfants, lesquels habitent chez elle. De cet avantage cependant, évitez de vous prévaloir devant les enfants ou la mère.

Sur le second plan, les domestiques (surtout une certaine femme de chambre), ne se font pas faute d'essayer de vous humilier à l'aide de mille petites taquineries qui, à la longue, ne laissent pas d'être fort pénibles. Votre service particulier est mal fait, sans aucune régularité. Vous savez qu'à l'office on tourne en dérision vos moindres actes. Vous avez surpris plus d'un sourire moqueur, etc.

Revenons aux maîtres.

Prenant vos repas avec la famille, vous vous retirez, ainsi que vos élèves, au dessert. Cela est correct. La difficulté réside surtout là où il y a doute. Par exemple, au salon, où vous êtes invitée à vous rendre le soir, parfois vous êtes embarrassée sur l'opportunité de rester ou de vous retirer. Tout ceci est inévitable et inhérent à la position elle-même!

Cependant, ma chère Charlotte, malgré certaines misères, vous pouvez accomplir votre tâche d'une manière favorable à vos jeunes élèves, en attirant le respect de tous. Vous avez consacré beaucoup de temps, beaucoup de travail, à acquérir des connaissances et des talents variés, il faut en profiter. Ne craignez donc pas d'aborder en face et courageusement les difficultés qui vous rebutent aujourd'hui.

Donnez vos leçons avec grand soin et de la manière la plus attrayante possible. Je vous recommanderai aussi une exactitude irréprochable. Vous devez l'exiger de vos élèves, ainsi que la discipline. Sous ces rapports, aucune infraction ne peut être tolérée ; du reste, je connais votre fermeté. Je suis persuadée que cette conduite, malgré quelques froissements, vous attirera l'estime d'une famille honorable dont les membres sont intelligents.

Les grandes conquêtes à faire, pour l'instant, sont celles de vos deux élèves et de leur mère. Pour atteindre ce but, le temps est un indispensable auxiliaire. Travaillez à cette œuvre chaque jour, et attendez.

Aux phases de satisfaction, de bons rapports, soyez affectueuse pour les enfants et gracieuse envers Mme de P... Dans les cas contraires, une réserve digne vous servira mieux que les reproches ou l'humeur.

Vienne une occasion favorable où votre dévouement puisse se montrer dans tout son jour, la mère et les enfants comprendront les trésors jusque là cachés au fond de votre cœur. Avec la sympathique grand'mère, vous pouvez laisser parler ce dernier à votre aise. Prévenances, attentions et soins ; l'âge de cette dame les autorise et mieux, les impose. Quant au maître de la maison et aux hommes, jeunes ou vieux, qui fréquentent l'hôtel, il faut absolument rester sur le ton d'une politesse éloignée de toute affectation, mais qui ne devra comporter ni abandon, ni familiarité. Vos vingt-deux ans, et, le dirai-je, votre jolie figure, vous imposent la plus grande réserve.

Je vous conseille, pour ce qui concerne les domestiques, d'exiger d'eux seulement l'indispensable. Soyez toujours polie, mais ne vous laissez pas aller à converser avec eux. Votre position, qui leur semblera toujours subalterne, vous oblige à beaucoup de retenue sous ce rapport. Si, malgré cette sage attitude, ceux-ci se montrent impertinents à votre égard, il faudra les avertir que vous vous plaindrez à Mme de P... et le faire nettement à la première récidive. Les domestiques sont comme les enfants, ils vous examinent et se tiennent prêts à profiter de vos travers et de votre faiblesse. Trempez votre énergie naturelle de patience, alors vous arriverez à prendre, dans cette maison, la situation à la fois modeste et honorée qui doit être celle de l'institutrice. Chargée de la haute fonction d'élever les enfants, chacun des membres de la famille doit honorer cette tâche en respectant celle qui en est la titulaire.

Maintenant, parlons d'un point délicat : de l'intimité familiale. Vous devez agir à ce sujet avec une grande délicatesse. Jamais le tact ne fut plus nécessaire qu'à ce propos. Souvenez-vous qu'après tout, vous n'êtes qu'une étrangère, commensale de mois ou d'années, qu'importe ? dans tous les cas, votre propre foyer est ailleurs. Si l'on vous doit des égards, on ne vous doit pas autre chose. Plus tard, de véritables liens, résultat de services rendus et de sympathies réciproques, pourront se former entre vous ; cela se voit encore en France ; alors, la situation se modifiera d'elle-même, mais nous n'en sommes pas là, votre siège entier reste à faire. Chaque fois que vous verrez la conversation prendre un tour trop intime, si vous pouvez le faire sans ostentation, disparaissez sans bruit. Au salon, prenez l'habitude de vous retirer de bonne heure, à moins qu'on ne fasse appel à votre complaisance, pour tenir le piano, par exemple. Grand'mère, me dites-vous, vous requiert souvent pour partenaire au whist. Tant mieux ! A part la douceur de faire plaisir aux vieillards, rien n'est plus agréable dans un salon, où l'on se sent quelque peu comparse, que d'avoir une occupation vous sauvant de la gêne.

En fin de compte, je constate beaucoup d'atouts dans votre jeu : en plus d'une forte instruction, vous êtes, certes, bonne musicienne, vous peignez agréablement ; vous pouvez, à part la vôtre, parler deux langues à peu près correctement. Vous me direz que ces talents sont indispensables pour entreprendre, sans le secours de professeurs, une éducation particulière dans une famille intelligente et lettrée ; je le reconnais ; cependant ils n'en constituent pas moins une véritable force capable de vous faire respecter aussi bien qu'apprécier par ceux qui vous entourent.

Courage, ma chère Charlotte, bientôt vous verrez diminuer graduellement les ennuis qui vous contristent aujourd'hui ; et vous aurez cette grande consolation d'avoir forcé à l'estime vos antagonistes de la première heure.

LETTRE XXVI

Votre lettre, ma chère Aurélie, m'a péniblement surprise... J'y ai longuement songé cette nuit, alors que l'insomnie me faisait une de ses fréquentes visites ; j'en ai pesé les termes, analysé l'émotion, et, vous le dirai-je, une grande frayeur m'a saisie. Prenez garde, ma pauvre enfant, vous entrez dans une voie qui, fatalement, vous conduira à toutes les misères de la jalousie. Quoi ! votre cœur, si susceptible d'affection et de dévouement, voudrait-il livrer accès à la sombre envie et aux tortures et aux découragements des tristesses criminelles ? Jalouse de votre sœur, mon Aurélie, vous son aînée, qui lui devez une sollicitude quasi-maternelle : votre première amie, la meilleure que vous aurez jamais... laquelle est, pour ainsi dire, une autre vous même. Deux chères créatures, elle et vous, que vos parents confondent dans le même amour. Si, comme vous le dites, avec un accent empreint d'âpreté : « La bienvenue lui rit dans tous les yeux », n'en est-il pas ainsi pour vous ? Sinon, à qui la faute ? Qu'avez-vous à lui envier ? Sa jolie figure ? La vôtre supporte fort bien la comparaison ; et puis, comment ma chère Aurélie descendrait-elle à ses détails ? C'est l'expression qui fait la réelle beauté du visage, celle qui nous attire, celle qui dure. A qui la faute si la vôtre exprime moins de bienveillance ?

Serait-ce l'intelligence de Sabine qui provoquerait votre envie ? La vôtre possède-t-elle moins d'ampleur et de pénétration ? Enfin, serait-ce son cœur si aimant et si doux ? Ah ! mon enfant, je crains que le vôtre ne possède ni générosité, ni noblesse. L'égoïsme et la malveillance en formeraient-ils seuls le tissu. Je ne puis croire à semblable misère.

Et vos parents ? Quelles marques de tendresse, quels soins vigilants n'avez-vous pas reçus d'eux pendant une enfance et une adolescence souvent troublées par la maladie. Prenez garde, Aurélie, vous livrez l'entrée de votre cœur à deux serpents : l'envie et la jalousie, qui dévoreront, si vous ne les combattez avec courage, toutes vos richesses intérieures, vous laissant bientôt aussi dénuée qu'une mendiante des rues. N'écoutez pas leurs voix qui vous soufflent : « Tu ne seras jamais ni aimable, ni aimée. » Vous serez l'une et l'autre si vous le voulez. Mais, pour cela, il faut résolument mettre le pied sur les hideux reptiles et les écraser sans miséricorde.

Toujours vous avez été d'un caractère renfermé, mâchant en silence vos petits ennuis, vos petites colères. A ce métier, on fait triste besogne et l'on risque fort de prendre la vie au rebours. Comment ne le comprenez-vous pas, vous dont l'esprit est si sagace ?

Je le reconnais pourtant, avouer ses torts, convenir de plaies honteuses est chose difficile. Nous sommes bien faibles, j'en conviens, contre nos penchants. A chaque instant le découragement nous guette, je sais ces choses par ma propre expérience ; mais vous irez vers Celui qui donne la force de vaincre : Dieu vous aidera à arracher de votre cœur le vampire qui en suce le sang le plus pur. Savez-vous que bientôt, si ce n'est déjà fait, vous finirez par haïr Sabine ? Vous vous révoltez en vain, on peut tout craindre de la jalousie. Oui, si vous n'y mettez ordre, dans un jour peu éloigné, vous haïrez votre propre sang, la fille de vos parents bien aimés.

Priez, priez, croyez-moi, demandez à Celui dont la bonté est infinie de venir à votre secours. Réveillez-vous, luttez sans trève ni merci, afin d'écraser le monstre.

L'émotion qui m'anime rend mon langage véhément, l'indignation s'y fait sentir, pardonnez-moi cet énergique appel à votre conscience, il le faut, pour enrayer les désastreux effets d'un sentiment qui devrait vous inspirer une véritable horreur... Inconsciente, vous glissez sur une pente fatale, et j'ai grande terreur de voir votre âme irrémédiablement empoisonnée par ce venin qui répand tant de calamités dans le monde. Songez-y, c'est surtout le cœur de l'envieux qui est semblable à ces sources du Nil aux eaux d'apparence limpide, au fond desquelles pullulent de hideux crocodiles.

Mais, si j'ai grand souci de la noblesse de votre caractère, de la santé de votre cœur, j'ai aussi souci de sa joie, et chacun me dit ce que je devine moi-même : « Aurélie est triste, rien ne semble la distraire, ni l'amuser », tristesse criminelle qui est le propre de l'envieuse jalousie.

Ah ! ma chère Aurélie, ayez pitié de vous en ayant pitié des autres. Quoi ! cette fête de la jeunesse, si remplie de joyeuse exubérance, ne serait pour vous qu'une sombre nuit ? L'hymne de vos vingt ans n'éclaterait pas dans la joie de vivre ? Que vous manque-t-il donc ? Parents excellents, tous présents ; plus tard, vous connaîtrez l'affreuse douleur des séparations ; large aisance, instruction soignée, affections de toutes sortes, voilà les trésors auprès desquels vous souffrez la faim par votre faute. Les jeunes ouvrières, penchées tout le jour sur un ingrat labeur, les paysannes, brûlées par le soleil de juillet, sont plus sages, plus chrétiennes que vous : elles rient et chantent. C'est en nous-mêmes surtout, que nous portons notre part de bonheur; vous l'oubliez, mon enfant.

Sortez en hâte d'une individualité mesquine et égoïste qui vous torture. Pensez aux autres, à ces chers autres qui sont vos parents et votre sœur. Rapprochez-vous de cette dernière, que votre air morose ne l'effraie plus ; provoquez ses confidences, parez-la vous-même. Bientôt, en récompense de si courageux efforts, Dieu vous accordera de l'aimer, de l'aimer sans retour amer. De plus, il vous donnera une gaieté qui vous est inconnue ; gaieté très vraie, très saine, véritable parfum des âmes bienveillantes, où tout est en parfait équilibre ; gaieté dont vous ne soupçonnez pas la douceur, ma chère enfant, qui vous fera découvrir des sources de tendresse et de joie, là où vous ne voyiez qu'amertume et désolation.

LETTRE XXVII

Ma chère Régine,

Vous voici installée à B... Vous avez sollicité ce petit poste en pleine campagne, presque en forêt, à cause de la santé de Madame votre mère, laquelle, depuis plusieurs années, laisse beaucoup à désirer.

Vous avez eu raison, et bien qu'on puisse remarquer dans votre lettre une certaine crainte de l'isolement, un regret à l'entourage sympathique que vous quittez, surtout un vague effroi de vous trouver aux prises avec des intelligences peu susceptibles de culture, je n'en constate pas moins une résolution très nette de vous faire à votre nouvelle vie ; d'en accepter bravement les ennuis en cherchant, avec un grand bon vouloir, toutes les compensations qu'elle pourra vous offrir. Je vous en félicite ; outre que les jérémiades et les partis-pris non sérieusement motivés sont toujours sottes choses, ils deviennent souvent un déni de justice dont une âme droite comme la vôtre ne saurait se rendre coupable.

Vous habitez, me dites-vous, un fort joli pays, sur la lisière d'une forêt, en face d'une belle colline boisée qui se donne un petit air de montagne. Votre esprit cultivé et naturellement amoureux d'idéal, aimera vite la forêt et la colline. Assez près de voisins pour ne pas redouter la peur, murs et arbres vous donnent cependant l'à-l'aise du chez-vous. Ici, j'ouvre une parenthèse. Je ne conçois pas qu'il existe encore des écoles de filles privées de tout voisinage. Elles ne devraient pas trouver d'habitantes. N'est-il pas cruel d'exposer des jeunes filles dans un endroit écarté, aux risques des routes solitaires et aux appréhensions d'une imagination surexcitée par l'isolement et les ténèbres ! Il n'en est pas ainsi pour vous, Dieu merci ! Malgré cela, vous avez assez d'horizon, assez de verdure, pour vous sentir bien et dûment à la campagne.

Pour remplacer une de mes amies empêchée, j'ai fait la classe pendant deux mois dans un bourg qui, certes, n'était pas aussi beau que le vôtre, et pourtant, moi, la citadine, je ne m'y suis pas ennuyée une heure. Oh ! le bon air, la jolie vue que celle des arbres, des prés et des champs ! C'était en été. Après la classe, chaque jour nous parcourions quelque sentier en cueillant des fleurs, en causant, en nous laissant vivre. Et les bonnes odeurs de foin, comme je les respirais avec délices ! Dans nos petites excursions, nous recevions, le sourire aux lèvres, le salut empressé des travailleurs revenant des champs. Puis, à l'*Angelus*, nous allions faire notre prière dans la modeste église. Cette vie était fort simple, mais combien reposante et douce ! Comme moi, vous vous y habituerez facilement. Il y a dans l'âme de la nature quelque chose de puissant et de doux qui prépare notre propre cœur à l'expansion. Et surtout, lorsqu'au milieu de cette saine atmosphère, vous verrez renaître les forces de votre mère, un délicieux sentiment de reconnaissance pour ce beau pays se mêlera aux jouissances qu'il vous offre.

Je le sais, dans la jeunesse, quelle que soit la tendresse que l'on ait pour sa mère, sa confiance en elle, on éprouve le besoin d'une amie de son âge. Il est rare que vous puissiez la trouver dans les esprits incultes qui vous entourent, vous la fine lettrée. Peut-être quelqu'une de vos collègues des environs remplira-t-elle ce désir intime, presque inavoué. Pour former les liens de l'amitié, l'esprit et la science sont bien moins indispensables que le cœur. Vous vous abandonnez à la Providence, ma chère Régine ; comme aux petits oiseaux, elle vous donnera la pâture, aussi bien celle de l'esprit que celle du corps.

« J'ai trouvé, me dites-vous, mes petites élèves aussi muettes, aussi peu animées que possible, c'est à peine si je peux leur arracher un oui ou un non... Attendez, vous arrivez seulement, et dès lors, vous leur êtes parfaitement inconnue ; de plus, je suis persuadée qu'avec votre taille élevée, vos yeux bruns pénétrants, vous leur imposez terriblement. Mais laissez faire le temps ; sans tarder, sous le souffle chaud et réconfortant de votre bonté, vos petites sauvages s'humaniseront, et les langues se délieront, plus que vous ne voudrez peut-être.

Je puis vous l'assurer, après quelque temps de culture, vous découvrirez la même facilité à instruire ces enfants que ceux d'une ville. Moins vives d'aspect, leur esprit offre souvent plus de consistance. J'ai presque toujours pu former d'excellentes élèves dans mes pensionnaires de la campagne. Habituées au travail de bonne heure, elles ont plus de constance et de docilité.

Vous vous attacherez très vite à votre petit troupeau et vos élèves s'attacheront à leur institutrice. Ne vont-elles pas déjà avec confiance vers votre mère qui se préoccupe de leurs pieds mouillés et de leurs petites misères?

Ma chère Régine, vous êtes une véritable institutrice, vous savez honorer et chérir l'âme humaine, qu'elle se présente sous la forme la plus modeste comme sous la plus haute. Alors vous vous sentirez aussi bien à votre place dans un village, qu'au milieu d'une élite intellectuelle. Vous possédez la seconde qualité indispensable à toute institutrice : l'affection pour les enfants. Vous aimerez vos élèves de cet amour élevé, digne d'elles, qui ressemble fort peu aux engouements de certaines personnes. Vous ne trouverez pas leurs caprices adorables, ni leurs défauts charmants, tout au contraire, mais vous leur consacrerez largement votre temps et vos soins.

C'est un temps fertile en jouissances pour les mamans que celui du développement physique du petit enfant ; le premier pas fait, la première parole prononcée, provoque le ravissement. Il en sera de même pour vous dans le domaine intellectuel. Est-il rien de plus intéressant que d'observer la marche journalière d'une jeune âme se dépouillant des gangues qui l'enveloppent, n'est-elle pas semblable au petit oiseau qui bat de l'aile au bord du nid, avant de risquer son vol dans l'espace? Dans une sphère plus élevée encore, vous assisterez à l'assainissement du cœur se débarrassant des ferments d'égoïsme qui naissent avec lui, et la conscience vous dira que vous avez fait votre part dans cet heureux épanouissement. Quel champ d'activité, ma chère Régine, pour votre grand courage, votre besoin de dévouement ! Cette tâche vous semblera douce dans le voisinage de cette nature, qui rend Dieu visible à travers ses émerveillements.

Vous avez tout ce qu'il faut pour vous imprégner de son action bienfaisante : une intelligence ouverte à l'amour du beau et un cœur aimant.

Savez-vous ce qui arrivera dans quelques années, lorsque la santé de votre mère, fortifiée par cet air balsamique, lui permettra le séjour de la ville, (car, ma chère Régine, vous êtes de celles auxquelles doivent incomber, plus tôt ou plus tard, les lourdes directions) ; oui, savez-vous ce qui arrivera ? c'est que vous pleurerez votre cher petit poste. Je l'ai observé maintes fois. Plusieurs de mes anciennes adjointes qui dirigent en ce moment les principales écoles du département, ne peuvent encore parler sans émotion du poste modeste où leur cœur s'était particulièrement attaché. « C'est là que j'ai été heureuse, soupirent elles, j'aimais tant mes petites filles et mes bonnes gens... et j'étais si paisible ! »

Soyez donc sans souci, vous ferez votre place et une place heureuse dans cet humble village ; vous y serez utile, honorée et aimée. Je me réjouis de la fraicheur d'aube de ce joli cadre pour vos débuts, votre santé à vous-même s'y affermira, vos nerfs s'y fortifieront, et vous ne serez que plus apte dans l'avenir à supporter le fardeau de travail et de responsabilités auquel vous ne pourrez longtemps vous dérober.

LETTRE XVIII

Mademoiselle,

Je vois avec plaisir l'ardeur avec laquelle vous débutez dans la carrière de l'enseignement. Vous êtes disposée à ne rien négliger pour assurer une bonne instruction aux enfants qui vous sont confiées, mais vous voulez des résultats. Vous en obtiendrez... peut-être pas aussi vite que vous le rêvez : vos enfants ne deviendront pas d'un instant à l'autre dociles, travailleuses, avides de savoir. Cependant, sous votre énergique impulsion, des progrès s'effectueront, j'en suis persuadée.

Mais, ajoutez-vous, je ne veux pas seulement leur donner l'instruction indispensable, leur meubler la tête de connaissances utiles, mais je veux surtout en faire de bonnes mères de famille, profondément pénétrées de leurs devoirs ; et, à ce sujet, vous indiquez l'idéal de femme que vous voulez poursuivre avec la décision qui vous caractérise.

Ceci est parfait, pourtant vous me permettrez une petite observation.

L'idée d'un type unique de perfection, je l'ai souvent rencontrée dans le livre ou le discours : je vous avoue que je ne partage nullement cette manière de voir. Dieu n'a-t-il pas imprimé sur la nature entière le mot: diversité? Le monde des âmes porte la même empreinte, et je trouve étrange et très suffisante cette prétention de vouloir créer l'homme-type, la femme-type, absolument comme s'il s'agissait de l'unité des poids et mesures, au lieu de s'efforcer simplement d'améliorer chaque nature avec les éléments que le Maître y a déposés en même temps que les risques et les mérites de la liberté. Nous devons tous concourir à l'harmonie générale suivant les facultés reçues, sagement développées par l'éducation.

« L'ennui naquit un jour de l'uniformité », dit un penseur. Voyez-vous d'ici une réunion d'êtres absolument semblables, pensant de même, parlant le même langage... Dieu que ce serait fastidieux !

Vous allez dire que je prends les choses trop à la lettre, qu'il existera toujours et malgré tout des différences ; qu'il serait impossible d'amener chaque individu au même degré de cette perfection quasi légale ; qu'on ne pourrait éviter toute nature récalcitrante. J'en suis persuadée et trouverais beaucoup plus simple de ne pas essayer de cette méthode, d'autant mieux que le prétendu succès souvent n'est que mensonge, l'au-dedans échappant à la discipline.

Vous n'avez nullement la prétention, je suppose, de refaire l'œuvre de Dieu, mais seulement de vous servir des dons reçus et du développement qu'ils ont pu acquérir en de sages directions, pour aider l'intelligence de vos élèves à comprendre le devoir, et leur cœur à vouloir l'accomplir. C'est un rôle modeste sans doute, mais qui ne manque pas de noblesse.

Les enfants possèdent comme nous une volonté libre, dont la conscience est le critérium. C'est sur la seconde qu'il faut s'appuyer pour leur apprendre à gouverner la première. Dès l'enfance, apparaissent les qualités et les défauts. Après quelque temps d'étude, vous verrez l'individualité se dessiner de plus en plus distincte. Oh ! Mademoiselle, n'y touchez pas, sous prétexte que ce caractère n'est pas celui que vous vous êtes proposé comme modèle. N'allez pas, par la glace du regard ou de la parole, contrister ce cœur joyeux qui ne demande qu'à s'épancher, un peu follement peut-être ; ou refouler dans cet autre un germe d'enthousiasme, sous prétexte de les ramener tous deux à la raison. « Alors, me direz-vous, il faut laisser croître pêle-mêle le bon et le mauvais ? » Que non, nous toucherons à tout, au contraire, mais avec précaution, avec délicatesse ; appuyant ici, redressant là, arrachant parfois, mais jamais ce qui est susceptible de rapport, sous le prétexte de nettoyage. Certes, il est des qualités dont il faut accélérer la croissance en les débarrassant de toute entrave, je citerai la véracité et la pureté, car elles concourent puissamment à la formation des autres. Tout ce qui n'est pas mauvais doit être travaillé, mais non arraché sans rémission. Est-ce que vous voudriez vous montrer sans pitié pour ce caractère ardent qui a de si belles générosités ? Un peu de douceur, d'aimable raison, et l'élagage se fera. Jetterez-vous l'anathème sur cette enfant légère dont la pensée glisse sur chaque chose ? Intéressez-la, et quelque jour vous la fixerez.

Vous voulez savoir la méthode d'éducation que j'ai suivie pendant mes longues années dans l'enseignement ? Eh bien ! un de mes meilleurs moyens était de laisser, sans en avoir trop l'air, la volonté de mes élèves se mouvoir en liberté. Cette même volonté était sans cesse sollicitée à choisir et à décider. Avec ce système, il est vrai, il faut répandre nombre de bonnes choses dans l'atmosphère journalière : livres intéressants, pensées élevées, causeries familières, que vos élèves s'assimileront d'autant plus facilement que personne ne songera à les leur ingurgiter de force. Elles acquerront ainsi l'esprit d'initiative et une volonté dont l'indépendance se pliant d'elle-même au devoir, saura, le cas échéant, se défendre contre toute prétention arbitraire en même temps que contre toute sollicitation malfaisante.

Croyez-moi, Mademoiselle, laissez à chacune de vos élèves sa poussée personnelle, vous contentant de les attirer sans cesse vers le bien. Comme l'abeille, elles dégageront des fleurs le suc à leur convenance ; et si elles ne se ressemblent pas toutes, elles n'en vaudront que mieux ; pourvu que toutes, elles aient pris du devoir et de la responsabilité particulière une haute idée, car les principes, eux, sont immuables. Je m'en lie à votre enseignement pour cela. Je résume : agissez avec patience et précaution, afin de laisser à chaque âme son cachet particulier.

Songez donc, Mademoiselle, s'il n'y avait dans une société que des gens sages, pondérés, silencieux, comme cette dite société deviendrait ennuyeuse ! Combien peu sûre serait celle livrée aux gens aimables et légers ! D'un autre côté, voyez-la composée d'individus capables, s'il en fût, mais autoritaires et durs ; ou encore, de faibles et de paresseux ! Seule, une de ces catégories deviendrait insupportable ; mélangées, elles sont acceptables, au contraire ; ce qui n'entrave nullement le travail soutenu de l'éducation, tout en préservant l'individualité de trop rudes atteintes. À cette heure, de nouveaux besoins nécessitent d'importants changements dans notre vieux système d'éducation ; on doit préparer, au moral comme au physique, des hommes forts, à l'esprit d'initiative, capables d'endurance et de coura-

geuse persévérance ; enfin des hommes faits pour
la lutte de la vie, qui deviendra de plus en plus
difficile. A ces hommes-là, il ne faut pas seulement des compagnes douces et dévouées, mais
aussi des caractères d'une trempe vigoureuse et
des esprits fertiles en ressources pour les heures
difficiles.

Est-ce que ces idiots suicides de jeunes gens,
qui se multiplient de nos jours, sans l'excuse
d'aucune grande souffrance physique ou morale,
n'annoncent pas une faiblesse sénile, tristement
précoce? N'ôtez donc rien, Mademoiselle, à la
vigueur du caractère, dirigez-la.

L'obéissance n'y perdra rien ; elle devient
noble par la liberté. La douceur non plus ; ne
répète-t-on pas sans cesse que les forts seuls sont
doux ?

Creusez ces réflexions, étudiez vos enfants, et
si vous voulez bien essayer ce système, je suis
persuadée que bientôt vous vous y rallierez de
bon cœur.

LETTRE XXIX

Mademoiselle,

Les années passent rapidement, la débutante
qui, naguère, réclamait des conseils, si bien mis à
profit, est devenue une grave directrice pourvue
de cinq adjointes. Je ne sais vraiment pourquoi,

vous.recourez de nouveau à ma vieille expérience, la vôtre pouvant, dès maintenant, amplement vous suffire. N'est-ce pas grâce aux preuves d'habileté et de caractère données par vous pendant ces dix ans d'enseignement, que l'autorité vous place à la tête de l'école primaire la plus importante du département ? Elle rend ainsi hommage à vos qualités pédagogiques et à votre dévouement.

Ceci n'est point dit dans le but de me dérober à votre désir, au contraire, je veux recueillir mes souvenirs pour essayer de vous satisfaire.

Vous donnez la partie scientifique des leçons dans la première classe, alors il ne vous reste guère que le temps insdispensable à la surveillance, laquelle consiste dans les examens de semaine et la remise hebdomadaire des billets de satisfaction.

Cette dernière revue est un des plus puissants rouages de l'enseignement de la morale. Renseignée par chacune des maîtresses de classe sur les petits incidents de la semaine, vous faites connaissance avec les divers groupes des élèves de l'établissement, en vous initiant peu à peu à la manière de procéder de chacune de vos maîtresses. Renseignements importants pour le succès de votre direction.

Nous nous occuperons spécialement aujourd'hui de vos devoirs envers ces jeunes filles.

Votre influence, Mademoiselle, ne doit plus se

borner au seul rayon d'une classe, et à ce bon exemple dont l'obligation incombe à chaque individu, mais bien s'étendre à l'établissement tout entier. Il faut que, depuis la première classe jusqu'à la dernière, on reconnaisse votre empreinte. Il le faut pour l'unité de commandement, qui fait la réussite des maisons ; il le faut aussi pour l'unité des grandes lignes de l'éducation.

« A vous d'allumer le feu sacré et d'en répandre la chaleur généreuse », me disait un jour un inspecteur d'Académie, en qui j'ai trouvé un auxiliaire et un appui sûrs. « Ainsi, concluait-il, vous deviendrez notre véritable école pédagogique. »

Ces conseils élevés, je vous les transmets aujourd'hui avec confiance, ils ne peuvent tomber dans une meilleure terre.

L'atmosphère morale d'un établissement se crée par les efforts combinés des maîtresses et des enfants. Après avoir longtemps essayé votre influence sur les secondes et réussi à la faire pénétrer dans leurs rangs, c'est sur les premières maintenant que votre action doit s'exercer.

Ainsi envisagée, la gravité de la tâche, il est permis de le dire, augmente et s'élève encore. Non seulement vos jeunes adjointes ont dès ce moment un rayon d'influence personnelle, mais encore, par leur permanence dans l'enseignement, elles contribueront à former d'autres cercles d'un nombre illimité.

Le plus simple, je crois, est d'indiquer ce que j'ai tenté sous ce rapport.

Chaque soir, à tour de rôle, les maîtresses venaient me trouver. Je leur parlais d'abord des petits évènements de la semaine. S'il y avait des conseils à donner pour la manière d'enseigner et pour la discipline. Puis, souvent, la conversation s'élevait jusqu'aux responsabilités les plus hautes ; alors, je m'efforçais d'émouvoir le cœur de celle qui m'écoutait en même temps que sa conscience. Ces tête-à-tête affectueux ont toujours produit les meilleurs résultats. Je vous conseille d'en essayer l'efficacité.

Vos adjointes, me dites-vous, rentrent dans deux catégories : l'une, composée d'anciennes élèves, vous revenant après le séjour obligatoire à l'Ecole normale, l'autre, comprenant les maîtresses à l'éducation de laquelle vous êtes restée étrangère.

Je crois, en ce qui concerne les premières, qu'il vous sera facile de renoûer la chaîne, à peine interrompue, des relations d'âme, lesquelles, durant votre direction de première classe, vous avez su si bien établir entre vos élèves et vous. Si quelques susceptibilités d'indépendance s'éveillent, — il y en a toujours — elles disparaîtront sous votre affectueuse et intelligente autorité.

Pour les adjointes de la seconde catégorie, elles sont complètement à conquérir à vos idées sur l'enseignement.

La plupart des jeunes personnes qui se destinent à cette carrière sont, non seulement de bonne volonté, mais encore très désireuses de remplir consciencieusement leur devoir; cependant, il faut l'avouer, un certain nombre de jeunes filles, dans la classe ouvrière surtout, attirées par l'honorabilité et la supériorité de cette situation sur les états ordinaires, ou encore par l'apparente douceur du travail qu'il exige, s'embarquent dans cette voie sans avoir réfléchi aux sérieux devoirs qui leur incomberont plus tard. Pour celles-là, l'enseignement est un état à peu près comme un autre; la journée faite, ni préoccupations ni soucis.

Avec ces adjointes, la tâche sera difficile, pénible souvent.

Vous les verrez bientôt vous arriver ennuyées, découragées, indifférentes ou hostiles à vos observations; dans tous les cas, n'en tenant qu'un compte médiocre. Les difficultés et les fatigues de l'enseignement, lorsqu'elles ne sont pas soulevées par l'amour de l'enfance et le dévouement envers l'âme humaine, peuvent devenir insupportables. Aussi entendrez-vous dire plus d'une fois : « que les élèves sont particulièrement difficiles à gouverner; que l'on n'en a jamais vu de pareilles; qu'elles sont paresseuses, indisciplinées, etc. » Laissez passer le flot, puis doucement tâchez de ramener les choses au vrai... N'aurait-on point manqué de patience soi-même? Essayez d'éveiller la conscience. Ce n'est pas chose facile lorsque celle-ci a sommeillé jusqu'à vingt ans. Tâchez de faire comprendre à cette intelligence mal préparée la gravité des fonctions de l'institutrice, leur beauté morale et leur responsabilité. D'abord, appuyez peu sur ces considérations élevées, suggérez-les seulement, jusqu'au jour où vous sentirez pousser les ailes. Le sentiment religieux, pour peu qu'il existe dans cette âme, sera votre plus puissant auxiliaire. Vos observations faites à point, ne ménagez pas les paroles d'encouragement au moment opportun. Jusqu'à l'heure où vous pourrez prendre pied sur un terrain plus noble, il faut vous servir surtout d'arguments d'ordre secondaire. Dites à cette maîtresse dont la faiblesse recule devant le moindre obstacle, qu'elle tient son avenir entre ses mains ; que sa situation dans l'enseignement dépendra de la constatation des progrès faits par ses élèves et de la bonne tenue de sa classe. Seuls, les examens des inspecteurs en feront foi, ainsi que vos propres notes, toujours véridiques. N'oubliez pas de lui faire envisager que plus elle se laissera aller à la nonchalance et à l'ennui, plus cette tâche lui deviendra difficile, parfois insupportable.

Celles-ci s'enthousiasmeront et voudront tout faire en un jour, vous pensez si la chute sera profonde et quelle déception ! Il faudra remonter ces volontés, les encourager, les ramener au travail journalier tout simplement ; couper sans pitié le bout de l'aile à leurs espérances qui voudraient s'élever trop haut. Vous paraîtrez bien raisonnable, bien terre-à-terre d'abord, puis, un jour, on comprendra. D'autres, au contraire, ne savent rien oser, il faut leur infuser l'esprit d'initiative, les amener à la compréhension des caractères par l'analyse. D'autres encore... mais je n'en finirais pas... votre expérience personnelle vous a appris ces choses et bien d'autres ; cependant vous voulez que je vous les répète. Vous ressemblez, Mademoiselle, à ces jeunes soldats qui, avant d'aller au combat, se font chanter par les anciens les airs guerriers dont leur âme est déjà imprégnée, mais qui, rendus par la voix des vétérans, leur semblent plus entraînants encore.

LETTRE XXX

Mademoiselle,

Vous appelez aujourd'hui mes réflexions sur une question délicate : le mariage de l'institutrice. Vous commencez par me dire que, étant absolument résolue au célibat, vous êtes hors de cause. Alors, rien ne peut gêner mes considérations.

Pour ce qui regarde les institutrices communales, l'autorité encourage le mariage, le conseille même. Cette disposition vient d'un très bon sentiment ; du désir d'éviter à l'institutrice une solitude pénible en lui ménageant la vie de famille. On ajoute que, devenue mère elle-même, elle n'en éprouvera que plus d'affection pour ses jeunes élèves ; de plus, en se familiarisant avec les maladies de l'enfance, elle n'en sera que plus apte à rendre sous ce rapport des services dans la commune.

Ces raisons peuvent avoir une certaine importance, mais, comme la plupart des questions, celle-ci est complexe et renferme le pour et le contre.

J'ai ouvert une petite enquête à ce sujet et jusqu'ici, les institutrices que j'ai consultées sont loin d'être favorables à cette idée de mariage. Une directrice m'écrit : « Sur six adjointes, j'en ai deux mariées, certes, je préfère le service de celles qui ne le sont pas. A part les raisons de convenance sur lesquelles je n'ai pas besoin de m'appesantir, les cours des premières, fussent-ils irréprochables sous le rapport technique, n'ont ni l'animation, ni l'intérêt de longue haleine qui distingue ceux de l'institutrice dont le principal but se concentre dans sa classe. Ce n'est pas à l'adjointe mariée que l'on peut demander un quart d'heure d'extra, un dérangement quelconque. La classe est à peine finie que déjà son chapeau est mis : « J'ai mon ménage, dit-elle. » La réponse est péremptoire et juste en soi, mais il faut bien le reconnaître, l'institutrice s'est transformée en un professeur à l'heure, et la différence est grande. »

Une autre dit nettement : « Si je me décidais au mariage, je quitterais l'enseignement, trouvant l'un et l'autre incompatibles. »

Une autre, du même avis toujours, conclut : « Ou le ménage sera mal fait, le mari peu soigné, ou ce seront les élèves. »

Une quatrième est plus explicite encore : « Le ménage et la classe n'iront bien ni l'un ni l'autre. »

Ceci est peu encourageant.

Peut-être se trouve-t-il, par ci, par là, quelque vaillante créature qui se tire de ces deux tâches avec honneur... La chose doit être rare.

L'école, dans nos campagnes surtout, est le foyer où commencent et peuvent s'entretenir la vie intellectuelle et la vie morale de la commune. Il faut, pour arriver à ce but, qu'à l'amour du devoir, celle qui doit veiller au feu sacré unisse une certaine liberté.

L'institutrice, s'intéressant aux enfants hors des bancs de l'école, ne reculant ni devant la fatigue, ni devant la longueur du temps pour leur procurer, aux heures de loisir, une distraction saine ou toute autre semence du bien, rend d'inappréciables services aux familles et à la commune elle-même.

Il est impossible à l'institutrice mariée d'accomplir cette tâche.

Avec les idées d'ordre supérieur que j'ai toujours attachées à la carrière de l'instruction, mes préférences ne peuvent être douteuses.

Oh ! je sais qu'il y a des heures où l'isolement semble bien triste, où le cœur se serre douloureusement sous son étreinte, je sais cela ; pour ces raisons, je ne condamne pas l'institutrice qui se marie, mais je lui préfère infiniment la courageuse fille qui, dans son cœur, dit à ses élèves : « Vous serez ma famille, ma joie ou mon tourment ; mon affection pour vous comblera le vide de mon cœur ; je prendrai part à vos tristesses et à vos douleurs, comme à vos jours heureux, et Dieu m'enverra bien un cœur ami dans lequel je pourrai me reposer. Lui-même veillera sur moi, et sa société est douce. Aux vacances, j'irai me retremper au sein de la famille et je reviendrai riche de nouvelles forces, pour ma tâche quotidienne. »

Puissent, Mademoiselle, ces réflexions vous affermir encore dans la généreuse résolution que vous avez prise de vous consacrer entièrement à vos chères élèves.

Deuxième Partie

LETTRE I

Ma chère Camille,

Savez-vous que vous devenez terriblement frondeuse ! Dans votre lettre de la semaine dernière, vous déversez l'ironie, et avec quelle ardeur ! sur les coutumes dites de société ; sur la banalité des rapports de convention, sur le vide des conversations, que sais-je ? une vraie pluie de flèches acérées, visant, sans miséricorde, tous les pauvres mondains. Aujourd'hui, c'est la politesse elle-même que vous attaquez, sous prétexte qu'elle n'est que mensonge d'un bout à l'autre. Halte là ! ma chère, je vous prie.

Votre esprit, d'une loyauté absolue, je le reconnais, a le défaut d'être tout d'une pièce : dès qu'une chose le frappe, d'accord ou contraire avec les principes qu'il professe, de prime saut, sans chercher plus loin, sa conviction est faite. Puis, comme vous êtes une vaillante, sans parlementer, vous prenez le taureau par les cornes et vous vous insurgez. Ce n'est pas Camille qu'on accusera des mille complexités attribuées aux femmes de notre temps ; tout point de vue comporte pour vous une simplicité élémentaire ; et l'action est aussi preste que le regard est rapide.

Vous savez avec quels soins j'ai essayé d'inculquer dans vos âmes les inattaquables principes de la loyauté, véritable base de toute éducation ; et l'on peut dire, par parenthèse, que j'ai joliment réussi avec vous ; mais prenez garde, toute qualité poussée à l'extrême peut devenir un défaut.

Entendons-nous : on n'est jamais trop droit, trop sincère, mais on doit, dans la manifestation de ces qualités, agir avec certains tempéraments.

Ma chère Camille, prêtez-moi une attention patiente et calme, je vous prie, nous allons chercher ensemble les caractères de cette politesse à laquelle je tiens en Française jalouse de conserver notre ancien renom.

La vraie politesse, prenant sa source dans le cœur, s'appuie sur un sentiment de bienveillance générale, bien que sans compromission fâcheuse. Indulgente aux manies, elle doit, sans s'écarter d'un langage courtois, manier le blâme à l'occasion pour maintenir les droits de la justice. Mais de quels charmants procédés elle peut user, sans compromettre le moins du monde la droiture du caractère ; céder dans la conversation la parole à qui le désire ; abandonner la meilleure place aux autres ; faire naître une aimable diversion pour entraver une discussion scabreuse ; avoir des égards remplis de déférence pour la vieillesse et le malheur, que sais-je ? même dans l'ardeur d'une controverse, n'employer jamais aucun mot blessant, aucune expression dont l'arrière-goût amer puisse rester ; rien de tout cela n'entraîne la notion de lâcheté ou de mensonge.

Tenez, ma chère, examinons cette fin de siècle.

Plusieurs, parmi nos contemporains, se targuent de vouloir la vérité, rien que la vérité, en toutes choses ; voyons ces régénérateurs à l'œuvre. Ils ont commencé par mettre la politesse à la porte du lieu public, du journal, même des rapports familiers. La parole est devenue rude, parfois grossière. Dans certains salons, notre belle langue française a éprouvé de fâcheuses compromissions avec je ne sais quel argot. La vérité y a-t-elle gagné quelque chose ?

En littérature, au romantisme a succédé le réalisme, qui, lui-même, a fait place au naturalisme. Ce dernier a jeté dans l'atmosphère générale les putrides émanations de tous les bas-fonds de la société. Dans cette triste besogne, a-t-il au moins planté le drapeau de la vérité ? Non, car en isolant systémathiquement ses investigations sur la corruption de quelques-uns, il a méconnu volontairement les grandeurs, les dévouements d'autres membres de cette société, et dès lors, méconnu la vie sociale dans son ensemble.

Les poètes de notre temps ont dit aux Classiques et aux Parnassiens : « Retirez-vous, à bas le sentiment, à bas l'idée ! » Et ils ont créé le genre décadent.

Serait-ce dans la politique, dans le journalisme,

que la vérité aurait trouvé un refuge? Jamais le parti-pris n'a plus régné dans la première et dans le second; ai-je besoin de mentionner les calomnies odieuses, les campagnes honteuses qui, tous les jours, insultent à la vérité, dans un langage qui n'a rien à faire avec la courtoisie?

Oui, ma chère Camille, le vrai peut et doit être poli. La politesse est une armure, légère si vous le voulez, mais qui, cependant, protège les meilleures choses beaucoup plus qu'on ne croit. Dans la discussion, elle arrête le mot blessant, adoucit l'expression sévère, en ôtant au frottement personnel ce qu'il pourrait avoir d'irritant. Dans la société en général, elle amortit les angles et ajoute au charme des réunions. En famille, son action n'est pas moins heureuse : elle ménage les susceptibilités, frise le tact et donne au cœur lui-même une grâce de plus. Donc, je la comprends simple, bienveillante, discrète et agréable.

Voyons maintenant les défauts qu'elle doit éviter : l'obséquiosité, la flatterie, le manque de mesure et les grandes démonstrations.

Vous allez vous écrier : « Voilà justement ce qui m'agace, m'horripile, ce sont les flatteries, les exclamations ; il semblerait que tous ces gens-là s'adorent, et Dieu sait ce qu'il en est ! » Allons, Camille, est-ce la faute de la politesse, s'il y a des personnes qui s'en servent avec maladresse, sottise ou fausseté? Elle ressemble à toutes les choses humaines, même les meilleures, elle perd ou gagne suivant la valeur morale de celui ou de celle dont elle est l'instrument.

Ma chère enfant, sous prétexte de loyauté, n'allez pas faire la guerre à la politesse. Nous passions autrefois pour un peuple poli, avons-nous gagné en le devenant moins? Faites donc bon visage à cette charmante fille, donnez-lui les qualités de votre caractère : la franchise et la bonne humeur ; mais observez-en les principales règles, malgré certaines révoltes, ma jolie frondeuse.

Dans ma petite enfance, on lisait encore la *Civilité* à l'école ; eh bien ! ce livre avait du bon. Il contenait, il est vrai, des détails minutieux et parfois puérils, mais, grâce à lui, les enfants prenaient de bonnes habitudes qui donnaient aux divers rangs de la société une bienveillante cohésion.

Soyons polis, ma chère Camille ; ce n'est pas impunément, croyez-moi, que notre France rejetterait cette première défense de la civilisation. Songez aussi que la politesse est la première étape vers le respect, cette vertu indispensable à toute âme, comme à tout peuple qui veut se gouverner soi-même.

LETTRE II

Ma chère Emma,

Je suis rentrée hier seulement de mon charmant voyage, agrémenté de visites chez un certain nombre d'entre vous, mes filles chéries, et déjà je compose, pour parfumer mon *home*, la plus odorante gerbe du souvenir des témoignages d'affection qui ont enchanté mes étapes.

J'ai vu votre gentil foyer : une agréable demeure, commode, fraîchement décorée, meublée avec goût, et, ce qui vaut mieux encore, j y ai fait la connaissance d'un excellent mari qui aime sa petite femme de tout son cœur ; voilà ce qui, dès l'abord, a frappé mes yeux ; alors, j'ai formulé cette action de grâce : « Dieu soit loué ! Emma pourra être heureuse, très heureuse dans son intérieur. »

Quel charme existe dans un jeune ménage, où tout est frais, nouveau, où les meubles reluisent ; où de jolies tentures parent chaque chambre, où les plantes vertes et les fleurs ont leur entrée... Vous avez du goût, je vous en félicite.

Il faut un gracieux accompagnement à l'amour et au bonheur qui brillent dans vos regards à tous deux.

C'est avec joie, ma chère Emma, que pendant mon séjour à votre foyer, j'ai retrouvé en vous les qualités de votre mère. Comme elle, vous êtes aimante, douce, prévenante, dévouée, mon cœur l'a constaté avec joie, mais... hélas ! oui, ma chère enfant, ce terrible *mais* qui vient si souvent sous ma plume, il faut que ma vieille amitié l'exprime ici... il est une qualité de cette mère chérie que, je le crains, vous ne possédez pas. Vous avez été privée si jeune de ses soins, de ses leçons ? Je veux parler de l'ordre.

Oui, je crains que, semblable au ver destructeur des navires, ce défaut ne se glisse sous mille formes diverses dans votre demeure. L'action du petit ver et celle du défaut d'ordre sont lentes, mais sûres. Un beau jour, on s'aperçoit que le vaisseau fait eau de toutes parts, et que le ménage, rongé par le désordre, a perdu, non seulement son charme, mais encore sa solidité.

Vous êtes réellement propre, et pourtant si vous ne réagissez avec courage contre ce défaut, votre maison portera bientôt un cachet de négligence qui pourrait en faire douter. Voulez-vous me permettre de citer quelques manières d'être pour rendre la chose tangible ? Ainsi, je vous ai vue atteindre du linge en mettant et laissant toute une pile en désarroi. Appelée au moment d'un travail, vous jetez l'objet que vous tenez à la main n'importe où, et l'y laissez le plus souvent. Vous avez aussi la mauvaise habitude de pousser les portes sans les fermer, si bien que votre appartement, avec ses placards béants, offre toujours un aspect négligé. Vous me direz que ces détails sont de bien petites choses ; pas si petites, ma chère enfant, croyez-moi, parce qu'elles dénotent l'habitude de faire les choses à moitié, à peu près, sans régularité ni méthode ; ce qui peut être très préjudiciable à votre avenir.

A l'heure présente, vous évoluez au milieu de toutes choses neuves, mais dans quelques années, si vous n'y prenez garde, les premières réparations du linge seront ajournées et oubliées : le meuble n'étant pas soigné régulièrement, ne brillera plus comme aujourd'hui. Votre œil, par malheur, n'est pas gêné par le défaut de rangement, et pourtant vous groupez les fleurs d'un bouquet, d'une corbeille, avec infiniment de goût : donc vous avez l'idée de l'harmonie.

Votre plus grand désir, je le sais, est de rendre votre mari heureux ; nulle chose ne peut y contribuer davantage qu'un intérieur attrayant où réside le confort.

J'ai lancé le mot : méthode ; rien de consistant et de régulier ne se fait sans cette habitude, qui donne aussi la prévoyance et le souci de l'heure.

Ah ! les heures, l'exactitude ! voilà encore une chose indispensable qui laisse fort à désirer, n'est-ce pas, ma chère Emma ? Du reste, l'exactitude est la sœur de l'ordre ; tous deux marchent dans la vie en se tenant par la main.

Le manque de régularité devient toujours un

grave inconvénient. D'abord, dans les repas, il est préjudiciable à la santé ; il faut pour celle-ci les habitudes d'une vie bien réglée. En outre, dans le cas qui nous occupe, l'inconvénient serait doublé. Par ses fonctions, votre mari est appelé à des heures fixes au Palais, si vous lui faites attendre son repas, il lui faudra se hâter, et tout indulgent qu'il puisse être maintenant, la mauvaise humeur viendra, non sans motif, dans l'ennui de l'attente.

Il y a des femmes qui passeraient nuit et jour auprès d'un cher malade, et qui n'ont pas le courage de s'imposer la gêne d'entretenir la bonne santé autour d'elle par les soins de l'exactitude.

Ne leur ressemblez pas, ma chère Emma, corrigez-vous, vous êtes jeune, vous le pourrez facilement, si vous aimez assez votre mari pour avoir un véritable souci de son bien-être et de son contentement intime.

Nombre de femmes sont redevables d'un ménage troublé par les discussions et les tristesses à ces deux défauts. L'homme, que ses occupations appellent généralement au dehors, au retour, doit trouver, non seulement une épouse aimable, mais encore un foyer chaud et accueillant.

Mûrissez par la réflexion ces quelques avis. S'ils vous blessent un peu, songez que ma sollicitude n'est si précautionneuse et si franche, qu'en vue de votre bonheur présent et à venir.

Non, je le sais par expérience, vous accepterez mes conseils avec une confiance filiale, et nous allons chercher ensemble les moyens pratiques d'arriver à un bon résultat.

S'il vous vient à l'esprit que vous ayez laissé quelque chose en désordre, à moins de besogne urgente, courez mettre en place. Une revue chaque semaine rafraîchit la mémoire. L'hiver approche : une bonne saison pour apprendre à fermer les portes.

Vous-même, ma chère enfant, trouverez, à votre petit domaine bien entretenu, un charme nouveau.

J'aime les proverbes, vous le savez, ils résument souvent en peu de mots des siècles d'expérience : écoutez celui-ci :

« Chaque chose à sa place et une place pour chaque chose. »

Permettez-moi d'ajouter :

« Chaque chose à son heure et du temps pour chaque chose. »

Cette chère exactitude, efforcez-vous de l'acquérir, elle mettra l'harmonie dans la journée en vous aidant d'une manière efficace à vous acquitter de vos multiples devoirs.

Ma chère Emma, lorsque le printemps prochain me rappellera à B... j'espère retrouver dans votre *home* l'Eden des premiers jours, avec ce je ne sais quoi d'achevé, de stable, que donnent ces charmantes qualités : l'ordre et l'exactitude.

Il ne suffit pas de se dévouer dans les grandes occasions, c'est à chaque instant du jour qu'une femme véritablement aimante travaille au bien-être et à la félicité domestique de tous ceux qui composent le cercle béni de la famille.

LETTRE III

Ma chère Berthe,

Vous commencez à vous préoccuper du genre de livres récréatifs à donner à vos deux fillettes, à l'aînée surtout, dont le goût pour la lecture augmente de jour en jour. Vous me demandez conseil à ce sujet.

Ce goût de la lecture est un excellent stimulant pour la formation de l'esprit et du cœur, mais comme les meilleures choses, il a besoin d'être dirigé avec sûreté et délicatesse.

D'abord élaguons.

Il y a trois genres de livres que vous devez bannir de votre programme : le genre niais, le faux, et, en troisième lieu, le livre mal construit et mal écrit.

Sous prétexte du très jeune âge de l'enfant, on laisse entre ses mains des ouvrages d'une niaiserie impossible, même au regard du jugement le plus primitif; rien ne tient debout, ni l'action, ni les personnages. Ce genre de livre réputé innocent est au contraire, à mon avis, d'une fâcheuse influence. Ces ouvrages sont la contrefaçon des charmants petits volumes dans lesquels une réelle candeur, en rapport avec celle de l'enfance, règne, en donnant lieu à de délicieuses naïvetés. Vous ne vous y tromperez pas.

Dans le second genre, je compte tout ce qui dépasse la mesure, soit en méchanceté, soit en bonté ; tout ce qui sonnera vite faux à l'oreille de l'enfant intelligent. Par exemple : ces conversions instantanées où l'on fait agir, avec une volonté d'homme, l'esprit à peine conscient du bien. Ou encore des histoires de jeunes êtres qui raisonnent d'*eux-mêmes* (je note le mot) comme de petits philosophes. Ce qu'il faut présenter à vos fillettes, ce sont les figures simples d'enfants comme elles, meilleures sans doute, mais dont la juvénile excellence soit accessible à leurs efforts. Quand je parle d'éloigner le faux, je n'entends nullement interdire les contes de fées et autres histoires abracadabrantes. Dès le titre, Eliane et Camille sauront qu'elles vont s'envoler dans l'empire du merveilleux. Ce que je n'aime pas, c'est qu'on les trompe en prétendant leur dire la vérité.

Il y a d'excellents auteurs pour l'enfance : Mme de Ségur, Z. Fleuriot, Girardin, Mme Colomb et tant d'autres.

Tâchez de donner à votre aînée le goût des récits de voyages. Je me souviens de quel secours m'ont été, dans mon enfance, les Robinsons.

En troisième lieu, pas de livres mal faits, au style non châtié ; il n'est jamais trop tôt pour travailler à former le goût.

Lorsque l'adolescence d'Eliane aura sonné, vous ne manquerez nullement de volumes intéressants et sains : Zénaïde Fleuriot, dont nous parlions tout à l'heure, Maryan, Marie Maréchal, Mme Bourdon, tout en amusant l'imagination, laissent au cœur des semences précieuses. Là encore, il faudra introduire la note plus sérieuse. Mais ne livrez pas l'étude morale, la description de maître, l'épisode historique, aux mains de votre fille, lisez vous-même, afin de jalonner le récit des pensées remarquables, du fait probant. Arrêtez-vous au besoin, mais rarement, pour ne pas rompre le sens et briser la musique des mots. Après la lecture, causez avec elle, interrogez, répondez. Vous reconnaîtrez ainsi la nourriture que ce jeune esprit se sera assimilée. Vous éclaircirez les points douteux, rectifierez certaines idées fausses ; et peu à peu le goût de l'analyse se formera en elle, surtout si vous avez soin de lui livrer des sujets à sa portée. C'est ainsi qu'Eliane montera pas à pas, jour par jour, vers le vrai et le beau.

A mesure que son jugement se formera, vous ajouterez à ce stock des romans de famille aux sentiments élevés, traduits avec une grande pureté d'expression. Firmin Didot a tenté une honorable expérience en ce genre. Sur ce chapitre, j'ai le regret de le constater, les Anglais et les Américains sont plus riches en estimables et délicats romanciers que nous : mistress Gaskell, miss Yung,

O.

miss Wetherell, miss Cummins, etc. ont composé des œuvres recommandables, d'un véritable intérêt pour les jeunes esprits sains et les cœurs purs. Les œuvres choisies de Walter Scott demandent un sérieux relatif, sans quoi, malgré la beauté, le coloris de la teinte locale, les longues descriptions provoqueraient l'ennui ; l'originalité des caractères disparaîtrait dans la fatigue des conversations, dont les détails et les traits enchantent ceux qui laissent se dérouler tranquillement la trame richement nuancée.

Je vous recommande aussi les livres populaires d'Emile Souvestre, l'ami de ma jeunesse.

Maintenant, ma chère Berthe, arrivons à vous-même. Vous voulez, dites-vous, consacrer également chaque jour quelques instants à la lecture. Vous le devez, ma chère, non seulement par satisfaction personnelle, mais pour vous rendre de plus en plus capable de diriger vos filles sous ce rapport comme sous les autres ; et pour cela, il faut que vous ayez le pas sur elles.

Si la lecture est l'aliment nécessaire à toute intelligence pour croître et s'épurer, elle est aussi un des plus délicieux plaisirs que l'on puisse éprouver. Dans le tête-à-tête, le livre devient plus qu'une chose, il prend une vie réelle ; c'est un ami avec lequel on converse ; on le quitte et on le reprend à volonté ; il est toujours là, prêt à vous ouvrir ses pages, à correspondre avec vos pensées. C'est le moins coûteux de tous les plaisirs, et c'est celui, lorsqu'il est bien dirigé, qui, en charmant la solitude, laisse le plus de réconfort. Avec ce compagnon aimable, vous vous élancez sur les routes inconnues ; vous assistez aux plus belles scènes de la nature ; avec lui, vous parcourez le royaume de l'idée, interrogeant les effets et les causes, ou encore, vous délassant au récit d'aimables fictions, vous laissez votre imagination errer en liberté dans le gracieux domaine de la fantaisie. L'hiver, quand le vent gronde, que la pluie bat les carreaux, quel plus aimable compagnon, pour les solitaires surtout, qu'un beau livre ?

Je vais essayer de vous former une bibliothèque variée et intéressante.

D'abord les livres anciens. Il y a dans les classiques grecs et dans les romains, des ouvrages très abordables pour l'esprit d'une femme d'une éducation même modeste. Je vous citerai Homère, Sophocle, Virgile, Térence, Plutarque et autres. Cette lecture donne à l'âme un fond de force et de patriotique enthousiasme. Continuons par les ouvrages de nos auteurs religieux modernes. Là vous n'aurez que l'embarras du choix : Lacordaire, Dupanloup, Ravignan, Gratry et la pléiade d'Orléans, et Pereyve, et Ozanam. C'est dans ce monde que vous pourrez sans crainte introduire vos filles, à mesure qu'elles seront susceptibles de comprendre et de profiter des trésors ouverts à leurs jeunes espérances.

Vous lirez quelques romans modernes choisis, en élaguant impitoyablement, même pour vous, ceux qui se complaisent aux peintures sensuelles. Vous devez marcher en avant pour diriger vos chères enfants, mais sans vous écarter des routes sûres. On a beau dire, à n'importe quel âge il ne peut convenir de se salir l'imagination, ne fût-ce qu'en passant.

La passion dans le roman, n'est pas ce qu'il y a de plus à craindre ? celle-ci fait partie de l'humaine nature. « Un homme sans passions est un homme mort », dit le proverbe. C'est peut-être aller un peu loin... Dans tous les cas, la passion existe sous toutes les formes, elle est la pulsation de la vie. Ce dont il faut s'inquiéter, c'est de la manière dont l'auteur la présente. S'il fait intervenir la conscience, s'il nous montre les tristes résultats des passions sans frein, le livre est bon. Si, au contraire, il revêt la passion de charmes provoquants et la proclame irrésistible, excusable, le livre est mauvais. Certains auteurs modernes se complaisent dans la peinture, psychologique, disent-ils, de certains états d'âme où ils s'attardent complaisamment sur la faiblesse des névrosés aux âmes flasques, lesquelles me font l'effet des corps fluides des crevettes vus à travers l'eau d'un aquarium. La lecture de ces livres ne peut que provoquer l'amollissement et l'ennui des luttes ordinaires de la vie.

Pour revenir à Eliane et à Camille, souvenez

vous que chaque nature ne comporte pas le même genre de lecture. Telle âme ressemble à l'abeille qui, en voltigeant sur les fleurs, s'écartera instinctivement des plantes vénéneuses ; telle autre, au contraire, traînera ses ailes sur les sucs dangereux. Vous veillerez et vous dirigerez. C'est ainsi que vous arriverez à former dans l'esprit de vos filles une sûre méthode d'investigation, provenant d'un jugement solide et d'un goût délicat.

LETTRE IV

Ma chère Florence,

Savez-vous qu'en relisant vos dernières lettres, je me suis demandé si vous n'étiez point une très arrière-petite cousine du prophète Jérémie ? La différence existe en ce que vous ne pleurez ni sur la patrie, ni sur la désolation du lieu saint, mais c'est le même ton lamentable, la même richesse d'expressions désolées.

Voyons, ne plaisantons pas et causons bien gentiment, bien amicalement, comme autrefois dans le petit salon aux confidences que vous visitiez si souvent.

Nous allons d'abord examiner vos griefs.

L'autre jour, votre mère, préoccupée sans doute, vous a embrassée avec indifférence ; aussitôt vous vous cassez la tête à chercher la faute

que vous avez pu commettre ; même il vous vient
à la pensée que cette tendre mère ne vous aime
plus autant qu'à l'ordinaire. Sur un mot brusque
de votre père, votre tête se met à l'envers. Votre
frère, vos sœurs vous disent des mots blessants,
ou du moins vous attachez cette signification à
leurs paroles ; un ami vous parle avec moins de
cordialité, que sais-je... Un autre ne fait pas attention à vous, et vous voilà malheureuse pour tout
le jour.

L'amie dont j'ai esquissé la vie en quelques
pages émues, ma bien chère Elise, disait un jour
à l'une d'entre nous : « Pour toi, tu avais l'air de
porter ton amour-propre devant toi comme un
vase fragile, avec un regard inquiet qui semblait
dire à chacun : « Oh ! prenez garde de le heurter. »

Ma chère enfant, n'y aurait-il point dans ces
avertissantes paroles quelque chose qui ressem-
blerait à votre cas ? Cette extrême susceptibilité
dont vous êtes affligée ne tient-elle point autant
à l'amour-propre qu'à la sensibilité réelle ?

Prenez garde, l'amour-propre est un insinuant
personnage qui prend tous les visages, même
celui du détachement de soi-même, pénètre partout, se faufile à notre insu, ou à peu près, dans
nos meilleures intentions, transforme les incidents
journaliers, en augmente la gravité, nous trompe
et nous irrite à plaisir. Enfin, c'est un provoca-
teur sournois qui ne nous quitte jamais, un faux
compère dont il faut terriblement se défier.

La sensibilité, toute noble qu'elle soit, lorsqu'elle sort des sources généreuses du cœur, doit craindre de devenir excessive ; juste et naturelle, elle ne se froisse qu'à bon droit.

La vie en commun offre de grands avantages, de vraies joies, de fécondes consolations, mais elle a aussi ses petites misères et ses écueils. Entre les membres d'une même famille, il existe tendresse et dévouement. On se soutient, on s'aide mutuellement, on a confiance les uns dans les autres ; cependant, les caractères sont toujours là, avec leurs défectuosités et leurs exigences particulières ; nul n'échappe à ces inconvénients naturels, car nul être n'est parfait. Vous-même, ma chère Florence, est-ce que vos paroles, vos actions n'ont pas été parfois de nature à blesser les autres ? Étudiez votre conduite avec une sincérité minutieuse, seulement pendant quelques jours, et je suis persuadée que vous sortirez de cette épreuve consciencieuse beaucoup plus indulgente et moins facile à blesser.

Nous devons toujours faire la part des caractères. Nous ne pouvons exiger que les tempéraments brusques deviennent doux comme miel tout exprès pour nous ; que les violents nous parlent sans cesse avec douceur ; que les natures froides nous réchauffent de leurs élans. Il faut sans passion se rendre compte de ce qu'on peut demander.

Et puis demander, demander... ne faudrait-il

pas mieux donner sans tous ces petits retours égoïstes ?

Permettez-moi de vous citer un modeste petit recueil, bien nommé : *Les Paillettes d'or*, lequel dit des choses charmantes et fort utiles à la vie journalière, entr'autres celle-ci, qui donne à méditer :

« Laissez tomber... »

Oui, laissez tomber le mot qui vous susceptibilise, et bientôt l'impression fâcheuse s'en effacera. Que votre cœur ne s'arrête pas au manque d'égards dont vous croyez avoir à vous plaindre, passez votre chemin. Retenez le reproche plus ou moins fondé que vous avez sur les lèvres, et je vous le promets, bientôt vous sentirez davantage l'amitié de tous, car vous serez plus aimable. On ne dira plus, ainsi que je l'ai entendu maintes fois : « Mon Dieu ! que Florence est susceptible, avec elle, il faut chercher ses mots. » Ou encore : « Oh ! commencez par Florence, autrement elle serait contrariée. »

Comprenez-vous cette gêne en famille, là où l'on devrait avoir les allures si franches, si naturelles ?

Vous êtes chrétienne, ma chère enfant, si vous l'en priez, Dieu vous aidera à vous vaincre sous ce rapport, et alors, vous acquerrez la douce paix qui vous manque ; car vous aurez compris que tout ce qui est humain, chez nous comme chez les autres, ne peut être parfait ; que l'affection

elle-même porte ce cachet universel d'insuffisance. Ce n'est qu'au ciel que nos lèvres ardentes
et purifiées trouveront, à la coupe des joies éternelles, le divin parfum à la hauteur de nos désirs.

LETTRE V

Ma chère Gilberte,

Votre lettre et plus encore celle de votre mère,
m'ont fort réjouie ; vous voilà on ne peut mieux
installée à V..., vous plaisant dans votre cher
intérieur et faisant les délices de tout le monde.
Quoi ! vous n'avez pas éprouvé le désir d'écraser
quelque peu, par un service somptueux, les pro-
vinciales de votre petite ville ? Vous les avez reçues
dans votre opulente demeure avec une cordiale
simplicité et un luxe discret. Comment ! vous
n'avez pas cédé au plaisir d'étaler les richesses
de votre corbeille de noces ? Vos toilettes, bien
qu'élégantes, ne se sont pas écartées du principe
que vous vous étiez imposé : « mettre ma toilette
et mes réceptions au niveau du milieu que je dois
fréquenter. » A tout ceci, vous avez ajouté une
telle bonne grâce, un si joyeux entrain que vous
êtes devenue l'enfant gâtée de V..., m'écrit votre
maman. Je le crois sans peine. Et vous vous
amusez extrêmement dans votre petite ville, sans

frais, ce qui contribue à la gaieté d'un certain nombre.

Mais je veux vous céder la parole.

« Si vous saviez, Mademoiselle, dites-vous, comme je suis heureuse ici ! tout le monde m'a fait le meilleur accueil. Entre les jeunes filles et moi, il existe un échange de bons procédés ; elles m'apprennent à confectionner de jolis ouvrages, et moi, je leur donne mes patrons de robes et de vêtements. Nous nous réunissons souvent, sans aucune cérémonie, simplement pour le plaisir d'être ensemble. Cet été, une gentille robe de toile a fait tous les frais de nos parties de campagne. Nous faisons des dîners sur l'herbe ou dans les plus délicieux coins de la forêt. Quel déballage et quels imbroglios ! Et les petits feux pour le café, et le couvert des plus primitifs, les espiègleries, la verve endiablée de tout le monde. Chère Mademoiselle, nous rions, jeunes et vieux, que maman dit que c'en est scandaleux, que nous avons tous l'air de gamins et de gamines de douze ans. Chère maman ! Ce qui ne l'empêche pas de rire aussi, et d'être ravie de voir sa fille heureuse et gaie comme un pinson. Et Louis ! Les voisins disent qu'on ne le reconnaît pas, tant sa figure est épanouie, tant il est changé à son avantage. Il m'appelle lutin, petite fée, rayon de soleil, et me gâte prodigieusement, mon bon Louis. Moi, je ne puis qu'aimer tout ce monde qui est si bon pour moi. »

Vous récoltez, ma chère enfant, les doux fruits

dont vous avez semé la graine. L'âme trop haute, le cœur trop délicat pour désirer les vulgaires satisfactions de la vanité, vous avez agi en charmante et bonne fée, ce qui me rend très fière de votre petite personne. Grâce à vous, dame gaieté est venue s'installer à V...

La gaieté ! cette ravissante fleur de notre vieille France, dont le logement, comme dit Souvestre, coûte si peu à meubler ; la gaieté, santé de l'esprit et du corps, tend, hélas ! à émigrer de notre pays... pour aller où, la pauvrette ?

Je sais que l'inoubliable guerre de 1870 a marqué nos âmes au sceau de la tristesse, cependant il faut réagir : on ne travaille bien qu'avec l'espérance et la foi dans l'avenir ; la gaieté concourt à la réussite en maintenant l'âme dans une disposition favorable à l'action. Il est d'autres raisons qui, malgré leur apparence frivole, ne laissent pas d'avoir, nous l'avons indiqué, une importance réelle en semblable sujet. En première ligne, plaçons la vanité. On a voulu paraître, faire mieux que sa voisine, déployer un certain luxe, et insensiblement les réunions modestes d'autrefois, qui ne donnaient lieu à aucune préoccupation de bourse ou de savoir-faire, sont maintenant coûteuses et fatigantes. Dès lors, elles sont devenues plus rares.

Votre bon cœur et votre tact exquis ont su éviter toutes les petites misères de la vanité, au contraire, vous avez appelé à l'aide la simplicité, la cordialité ; aujourd'hui vous en êtes récompensée par l'affection de ceux qui vous entourent ; et cette charmante gaieté, si favorable aux bons sentiments, a élu domicile au milieu de vous, donnant au petit empire dont vous êtes la reine, un charme qui attire et retient les cœurs.

LETTRE VI

Ma chère Solange,

Depuis trois mois vous êtes rentrée définitivement au foyer paternel, et au lieu de l'indépendance à laquelle vous pensiez avoir droit, vous trouvez l'autorité de votre belle-mère si fermement établie que nul ne peut s'y dérober, pas plus vous que ses propres enfants. Vous convenez, du reste, que Mme Rémond la première se montre exacte observatrice du réglement qu'elle impose, ainsi que de ses devoirs particuliers. Dès lors, vous ne pouvez lui refuser votre estime et le respect qui en découle. N'est-ce pas une constatation précieuse qui facilite singulièrement l'obéissance ?

Ayant eu le malheur de perdre votre mère à l'âge de six ans, vous avez passé votre adolescence en pension, ne faisant qu'une visite annuelle au foyer domestique. Je le note avec plaisir, entre votre père, remarié depuis huit ans, et vous, l'affection est restée profonde et expansive. « Il n'en peut être de même, ajoutez-vous, avec une belle-mère que je connais à peine. »

Ma chère enfant, vous touchez le grave écueil de votre éloignement prolongé du foyer paternel. Si vous aviez pu suivre de près les difficultés de la situation, les efforts de vos parents, leurs fatigues, leurs sacrifices journaliers, surtout le dévouement de votre belle-mère à vos intérêts, je mets hors de doute que l'estime conçue pour son caractère vous eût conduite à l'affection ; ce qui eût aplani les choses. Votre place dans la famille se serait naturellement conservée sous une autorité qu'il ne vous serait pas venu à l'idée de contester.

Aujourd'hui, il en est autrement, cette place est à faire ; de la conduite que vous tiendrez dépendra votre bonheur et celui de ceux qui vous entourent.

Je comprends combien votre jeune cœur aurait besoin d'affection, mais pour former un lien durable, il faut du temps et la continuité des rapports. En outre, vous ne devez pas perdre de vue que les soins multiples qui se partagent les heures de Mme Rémond ne lui laissent guère le loisir de se livrer aux douceurs de l'amitié. La sécurité et le bien-être qui vous entourent ne s'obtiennent pas, croyez-le bien, sans préoccupation et sans travail. Ajouterai-je que tout caractère, même le plus noble, doit porter la marque des défauts de ses qualités ? la perfection n'est pas de ce monde.

Je désire surtout arrêter votre attention sur un point, sur une erreur propre à la jeunesse : «L'on exige de moi, dites-vous, une obéissance humiliante à mon âge. »

Quel âge avez-vous donc, ma chère, dix-sept ans ? Après tout, qu'importe l'âge, quelle humiliation trouvez-vous à obéir ?

Serait-ce l'individualité de ceux qui vous commandent qui offusquerait votre amour-propre ? Votre père et votre belle-mère n'ont-ils pas sur votre filiale soumission les droits les plus augustes ? Votre âge ? pauvre enfant ! Croyez-moi, apprenez à marcher avant de vous aventurer seule sur les chemins inconnus de la vie. Quoi ! vous vous plaignez qu'une sollicitude sage et dévouée dirige votre conduite, sans entraver d'aimables récréations, il me semble, car vous me parlez de réunions de jeunes filles, de visites faites et reçues. C'est donc l'obéissance en elle-même qui blesse la dignité et l'indépendance de vos dix-sept ans !

Trouver l'obéissance dégradante pour l'individu est une conception de l'orgueil moderne. Du temps de ma jeunesse, qui date de loin, nous obéissions allègrement à nos parents et à nos maîtresses. Toute indocilité provoquait chez nous un véritable remords.

Plus tard, étant sous-maîtresse, je trouvais tout naturel que notre Directrice réglât les devoirs de chacune d'entre nous et réclamât la soumission autour d'elle.

A l'heure présente, je trouve tout légitime d'obéir aux observances de notre religion, aux prescriptions de la loi, à tous les règlements qui gouvernent chaque chose. L'obéissance est la gardienne de l'ordre moral et de l'ordre matériel ; c'est prêter notre concours à l'un et à l'autre que d'obéir pleinement, sans réticence, sans mesquinerie.

Peut-être direz-vous « Combien de gens sont peu dignes du commandement dont ils sont investis ? » Sans doute, mais ceci ne doit pas influer sur la chose commandée.

S'il fallait faire le procès de tous ceux qui détiennent une part quelconque d'autorité, nous n'aurions tôt fait, et quelle ridicule prétention ! C'est le principe que nous devons envisager et ses résultats.

Croyez-vous que ceux qui commandent n'aient pas à obéir eux-mêmes ? On dépend toujours de quelqu'un. De plus, les circonstances, les difficultés, les obstacles, les maladies tiennent souvent notre volonté captive. J'ai beaucoup commandé dans ma vie d'institutrice, ayant dirigé deux établissements importants, je vous assure que je n'ai jamais tant obéi qu'en ce temps-là ; plus que mes subordonnées, je vous prie de le croire.

Et vous, pauvre ignorante, vous vous révoltez contre l'autorité exercée par une femme d'une grande valeur morale, à laquelle votre père doit son repos actuel, et vous-même une vie aisée et agréable. Comprenez l'ingratitude où vous entraînerait un misérable et sot orgueil. En réfléchissant, j'en suis persuadée, vos yeux vont se dessiller et vous aurez pour la juste autorité de votre belle-mère, non plus une acceptation chagrine et redoutée, mais une soumission respectueuse et filiale qui vous rendra heureuse et donnera bon exemple à vos jeunes sœurs et à votre petit frère.

L'obéissance repose sur le plan divin. N'est-ce pas pour son refus d'obéissance que l'ange des ténèbres a été rejeté par le Seigneur ? Tout, autour de nous, obéit. La nature nous offre l'image parfaite et harmonieuse de l'obéissance. Vous m'observerez qu'elle est régie par des lois immuables. Parfaitement. Mais notre liberté, qui fait de tout devoir pratiqué une vertu, loin de nous affranchir de l'obéissance sous toutes ses formes légitimes, nous en fait une plus stricte observance ; car celle-ci s'appuyant sur la conscience a droit à l'acquiescement d'une volonté éclairée et responsable.

C'est le malheur de la jeunesse de ce siècle de ne plus savoir obéir en vertu d'un principe, d'un droit reconnu. En perdant la modestie que devrait lui inspirer son ignorance de la vie, elle se livre à de coupables idées d'une indépendance sans notion d'aucune responsabilité, et perd ainsi follement tout respect de l'autorité.

Ma chère Solange, soyez plus sage, et vous serez plus heureuse.

LETTRE VII

Ma chère Fernande,

J'achève de relire votre lettre pour la seconde fois ; elle a corroboré mes propres observations. Je connaissais déjà l'absence de charme qui existe dans vos relations avec votre famille et vos amis, j'ai entendu maintes fois vos plaintes à ce sujet ; d'un autre côté, je savais l'attachement des vôtres pour vous, et je restais perplexe ; mon petit voyage à M... a fixé mon opinion, et je viens, forte de ma vieille amitié, formuler ici, avec ma franchise ordinaire, mon impression définitive.

Oui, moi aussi, j'ai remarqué que souvent vos sœurs répondaient avec une certaine impatience, que parfois elles paraissaient faire peu d'attention à vos paroles, seule, votre mère se montrait toujours affectueuse et douce. Je le comprends, pareil état de choses devient pénible, même blessant par la continuité ; mais, ma chère enfant, n'êtes-vous pour rien dans ce résultat ?

Nous allons chercher ensemble la vérité, si vous le voulez bien.

Je le reconnais sans hésiter, vos sentiments à l'égard de vos parents sont à l'abri de tout reproche, aussi n'est-ce pas leur certitude dont il s'agit, mais bien de la manière dont vous en projetez l'épanouissement autour de vous.

Vous êtes aimante, dévouée, courageuse, mais vous manquez d'une qualité pour faire valoir tous ces avantages et les rendre agréables aux autres, je veux parler du tact. Peut-être en vous-même pensez-vous : « Ce n'est que cela. » Ah ! ma chère, quelle précieuse faculté ! Fixons quelques traits pour plus de clarté. Par exemple, l'idée vous vient de rendre un petit service à votre sœur Cécile, immédiatement vous voilà partie, vous lui faites vos offres, et, sans écouter la réponse, en fixez sur le coup l'heure et la forme ; mais voilà qu'on vous oppose une fin de non recevoir, parfois brusque, et vous êtes tout attristée... vous aviez de si bonnes intentions. Un autre jour, c'est une manière d'agir, à votre idée excellente, dont vous voulez absolument gratifier Julie. Ce qu'il y a de plus singulier, avec tout cela, vous n'êtes nullement dominante ; toujours le fameux manque de tact. J'ajouterai à votre actif les mots maladroits dans la conversation, les petites indiscrétions, les fâcheuses interrogations ; je les ai remarqués à chaque instant.

Vous voilà toute déconfite, toute malheureuse, car vous n'êtes ni orgueilleuse, ni sotte, et ne demandez qu'à connaître la vérité. La voici, autant que j'ai pu la découvrir, ma chère enfant.

Le premier baume à poser sur la blessure de votre amour-propre, c'est la pensée très réconfortante que les brusqueries et l'inattention dont vous vous plaignez, dans votre famille et parmi vos amis, ne viennent nullement d'un manque d'affection de leur part, mais bien de votre propre fait qui sans cesse met la patience des autres à l'épreuve, les ennuie et les irrite. Je vous entends vous écrier : « Je suis alors bien malheureuse, car le tact est surtout affaire d'instinct, comment pourrais-je l'acquérir ? »

Ma chère Fernande, tout se corrige, tout s'acquiert, lorsqu'on le veut fortement. Pendant vos études, j'ai souvent reconnu que vous aviez de la volonté, il s'agit de mettre celle-ci en branle, et vous l'y mettrez. Vous aviez seulement besoin que la lumière se fît, et voici que j'ai fait briller l'étincelle.

Le tact est une impression vive qui nous avertit de ce qui peut plaire ou déplaire aux autres ; les adoucir ou les blesser ; nous les rendre favorables ou le contraire ; leur faire du bien, ou les faire souffrir. Le tact est le frère de la délicatesse.

Pour qu'il fleurisse dans un cœur et donne tout son parfum, il faut qu'il trouve dans ce même cœur la préparation qui lui convient.

La première et la plus importante des conditions pour arriver au succès est un changement complet de point de vue. Au lieu d'agir immédiatement sous l'impulsion personnelle, obligez-vous à attendre... puis formulez cette question : « Mon idée peut-elle être utile ou agréable à Cécile? » Ceci vous donnera le temps d'examiner, de reconnaître le terrain, et, qui mieux est, vous préparera à la contradiction. Vous désirez faire du bien, vous voulez faire plaisir, de deux choses l'une, ou votre ouverture sera accueillie, ou elle sera repoussée. Dans le premier cas, vous aurez atteint votre but, dans le second, vous vous serez trompée, voilà tout.

La pensée de songer aux autres au lieu de suivre aveuglément votre propre impulsion devra vous accompagner dans la conversation. Une telle disposition vous épargnera nombre de mots malencontreux, de phrases indiscrètes. Ce sera une grande gêne, en commençant, de se tenir sans cesse en garde contre son penchant ; d'avoir sans cesse à l'esprit la préoccupation de ne faire ni dire de maladresse, mais vous vous y ferez d'autant plus vite que vous possédez une âme véritablement bienveillante, mieux que cela, aimante. C'est cette disposition, généralement reconnue, qui fait que l'on vous aime quand même, malgré les ennuis que vous provoquez.

Que sera-ce, lorsque ces ennuis disparaîtront, faisant place à la plus charmante, la plus délicate des habiletés : celle du tact !

Cette belle fleur ne demande qu'à s'épanouir en votre âme, ma chère Fernande ; sous l'influence de son parfum, vos paroles s'imprègneront de ce je ne sais quoi qui réchauffe, console et encourage. C'est une langue ravissante que celle du tact, chacun la comprend, elle est la bienvenue à tous les foyers, car, tout au contraire de l'insinuation, sa perfide caricature, elle provient de réelles qualités du cœur : la bonté et le désir de plaire par le bien.

Ne vous effrayez pas, si parfois, au commencement, vous retombez dans les anciennes habitudes; peu à peu, vous en prendrez de nouvelles, de plus heureuses, et vous serez largement récompensée des efforts courageux que vous aurez faits, par l'harmonie qui graduellement s'établira autour de vous ; par la douce réciprocité des affectueux témoignages que provoquera, dans la famille, l'étonnement joyeux de ce nouvel état de choses.

Allons, en avant pour saisir au plus vite ce malin petit Tact ! Mettez la délicatesse, sa sœur, dans vos intérêts, alors vous réussirez, nul cœur ne pouvant résister au charme de cette dernière.

LETTRE VIII

Ma chère Julia,

C'est à votre vieille amie que vous venez demander conseil dans la conjoncture délicate où vous vous trouvez. Sans nul doute, la détermination vers laquelle vous allez incliner, votre mari et vous, aura la plus large part sur celle de votre fille et peut irrévocablement fixer son avenir. Un prétendant à sa main se présente, qui semble réunir les conditions principales capables d'assurer le bonheur d'une semblable union.

A propos du conseil en général, ma chère, surtout en matière grave, je le trouve très difficile à donner, les résolutions de chacun devant leur appartenir en propre. Nul mieux que soi-même n'est placé pour se renseigner sur le pour et le contre, et dès lors doit nécessairement juger la situation en dernier ressort. Les donneurs d'avis de mon espèce se bornent sagement à éclairer la situation, à en fixer les lignes principales, à suggérer, s'il y a lieu, de nouveaux aperçus, et laissent ensuite agir le jugement où la volonté de celui ou de celle qui les consulte. Je trouve parfaitement ridicules les gens qui se fâchent lorsqu'on n'agit pas selon leurs idées, comme si l'affaire en question était leur propre affaire. Jamais, ma chère fille, je ne trouverai mauvais que l'on ne suive pas mes préférences ; je fais appel de mon mieux à l'expérience que j'ai acquise, mais le dernier mot n'est plus de ma compétence.

Ceci bien entendu, établissons la situation.

Le jeune homme qui aspire en ce moment à la main de Gilberte, appartient à une famille parfaitement honorable, chose à laquelle vous tenez d'une manière essentielle ; lui-même a très bonne réputation et des principes religieux.

Immédiatement au sortir des écoles, un centre d'activité a sollicité l'emploi de ses facultés et de son temps. Tout cela est précieux. Ajoutons une santé excellente, ce qui n'est pas le moindre des avantages que vous m'énumérez.

M. Louis Darvent appartient au rang correspondant au vôtre dans la société, ce qui, selon moi, n'est pas à dédaigner : alors les mêmes habitudes de vivre se rencontrent; certaines traditions se conservent dans les mêmes milieux; on y retrouve semblable éducation et les pensées concordent plus facilement. Dès lors, les froissements sont moins à craindre : en famille, ainsi que dans les simples relations. Trop souvent on fait bon marché de ces considérations qui ne laissent pas d'avoir une réelle importance. Tel ouvrier, tel petit commerçant, sera enchanté de donner sa fille à un bureaucrate ou à quelque humble fonctionnaire. Tel richissime négociant le sera davantage d'acheter, pour la sienne, la particule nobiliaire à prix d'or, sans s'inquiéter s'il ne créera pas pour sa fille et pour les siens des rapports tendus dont il sera le premier à sentir l'amertume.

Les parents vous sont sympathiques, vous les connaissez depuis longtemps, alors, tout marche à souhait de ce côté.

Revenons au jeune homme lui-même.

Il ne peut passer pour beau, me dites-vous, sa physionomie annonce la franchise et la bonté, ce qui est préférable à la régularité des traits. Rien n'est plus ridicule et souvent plus ennuyeux que le fat amoureux de sa jolie figure. Il vaut mieux que sous ce rapport la femme ait l'avantage.

Son instruction a été soignée, seulement vous

lui croyez l'intelligence moins vive, moins ouverte que celle de votre fille. Ceci pourrait avoir certains inconvénients si d'abord celle-ci n'unissait le tact et la délicatesse à la vivacité de l'esprit. En outre, il paraît que cette légère différence se trouve largement compensée par le jugement et la fermeté de volonté que vous reconnaissez chez ce prétendant. C'est un homme, affirmez-vous ; eh bien ! il est dans la nature de la femme de se soumettre facilement lorsqu'elle reconnaît ces deux qualités, pourvu que la dernière, comme il arrive trop fréquemment aux caractères fortement trempés, ne dégénère pas au despotisme, mais se tienne sur le terrain de la justice et de l'affection.

La dot du jeune homme est loin d'égaler celle que vous pourrez donner à votre fille, mais il a, ce qui vaut mieux, une situation dans laquelle il a déjà fait ses preuves.

En ce qui concerne l'étude du caractère, sur aucun prétendant vous ne pouvez espérer d'obtenir rien de complet, de bien défini ; les grandes lignes seules pourront se laisser voir dans les visites préparatoires ; l'abandon journalier ne saurait y être de mise.

Voici, je crois, les principales considérations sur lesquelles des parents sages comme vous et M. Elliot, peuvent établir un premier examen.

Mais il est un sentiment qui, par sa nature échappe à toutes les règles de la logique, lequel pourtant est aussi impérieusement indispensable que les plus importantes de ces considérations, c'est la sympathie entre les deux jeunes cœurs ; une sympathie assez vive pour qu'il en puisse naître l'amour, et plus tard l'amitié tendre, véritable récompense de la noblesse des sentiments et de celle de la vie. Vous croyez reconnaître cet attrait mystérieux dans le cœur du jeune homme et le deviner, à travers sa réserve, dans celui de votre fille : alors tout est bien. Il ne vous reste plus qu'à prier Celui qui bénit l'union de l'homme et de la femme, de vous éclairer et d'achever, si cela peut être le bonheur de tous, l'œuvre commencée par les circonstances et les volontés humaines.

LETTRE IX

Ma chère Marcelle,

Ainsi, le projet d'union arrêté depuis plusieurs mois va se réaliser dans quelques jours ; mardi prochain, vous unirez votre sort au fiancé auquel vous avez déjà donné votre cœur. « Ce sera, me dites-vous, avec confiance, que je mettrai ma main dans celle de M. A... pour continuer ensemble le voyage de la vie... et cependant, combien mon cœur se serre à la pensée de quitter mes bien-aimés parents ! pourquoi ne pas vivre tous ensemble ? » Hélas ! ma chère enfant, la chose ne se peut que fort rarement. Il faut que chaque couple bâtisse sa demeure à part, (et peut-être cela vaut-il mieux) fonde une maison, une famille, absolument comme les essaims d'abeilles. Vos chers parents ne seront pas loin de vous : trois lieues... est-ce une distance effrayante lorsqu'on a cheval et voiture ? Et la poste, cette bonne fée dont les ailes... de bronze portent si vite nos messages. Non, non, vous ne briserez pas avec le passé ; ce cher passé que vous voulez retenir malgré tout, sera là, près de vous, à portée de votre cœur. Et, le dirai-je, si vous ne devez jamais oublier ceux qui jusqu'ici ont tenu la première place dans vos affections, vous serez distraite de leur pensée par les nouveaux et multiples devoirs d'une position à fonder, et par la tendresse, nouvelle aussi, qui remplira votre âme entière. Tendresse dont l'essence est si absorbante, que parfois vous vous accuserez de négligence vis-à-vis de vos plus chères affections. Vous vous révoltez à cette idée, chère fille, l'expérience est là, ce qui n'empêchera pas la joie et surtout la peine de vous ramener vite au vieux nid, où les bras seront toujours ouverts pour vous recevoir et vous appuyer.

Je n'attristerai point vos doux rêves, je n'ajouterai pas à vos perplexités déjà grandes, par l'impitoyable énumération de tous les devoirs qui incombent à la maîtresse de maison ; peu à peu, vous vous initierez aux soins domestiques, lesquels peuvent se résumer en ceci : à votre tour, vous aurez charge de la sécurité et du bonheur de ceux qui vous entoureront. Ce que vos bons parents, jusqu'ici, ont fait pour vous, vous le rendrez à d'autres ; c'est la loi.

Assurer dans votre maison le bien-être, un certain confort raisonnable et sain, voilà quel sera votre première préoccupation. Vous y parviendrez sûrement et aisément par l'ordre, la ponctualité et la prévoyance. Déjà, les leçons d'une mère sage et habile ménagère vous ont préparée à ce nouvel état de choses.

L'affection vous guidera dans tout ce qui pourra contribuer au bien-être de votre mari, et je ne sache pas de plus sûr conseiller et de plus délicat.

Tout autre chose est la question des domestiques. Je ne veux pas la traiter à fond dans cette lettre, je dirai seulement qu'elle est grosse de difficultés, d'ennuis, et que ce n'est pas un mince avantage que de savoir commander.

Vous en aurez deux : une cuisinière et un garçon pour l'écurie et le jardin ; le dernier sera plutôt sous la direction de votre mari : parlons donc seulement de la première.

Très souvent l'écueil des jeunes maîtresses de maison est de ne pas se rendre compte du temps que demande l'accomplissement des ordres donnés ; en second lieu, faute d'expérience, elles ne mettent ni assez de méthode, ni assez de précision dans le commandement, ce qui rend toute exécution plus difficile. Ensuite, les unes se montrent trop exigeantes, les autres ignorantes et faibles, alors le service se fait mal et tout le monde est mécontent. Certes, une jeune femme ne peut éviter totalement les écoles, mais elle peut les abréger et en diminuer l'importance en s'appliquant à sa propre éducation sous ce rapport. La théorie a du bon, mais seule la pratique donne la sûreté de main et l'assurance dans le commandement.

Vous commencez avec des ressources suffisantes, mais modestes, ne craignez donc pas de mettre, à l'occasion, la main à la pâte, comme l'on dit vulgairement ; nos maîtresses de maison normandes, même dans les classes riches, ont ce savoir-faire, aussi ne sont-elles nullement embarrassées ni pour le commandement, ni lorsqu'une servante se trouve malade, ni au cas d'une vacance sous ce rapport. Lorsque vous connaîtrez les goûts de votre mari, ceux de vos beaux-parents, vous veillerez vous-même à ce qu'on en tienne compte. Le triomphe d'une maîtresse de maison consiste dans le mouvement silencieux et bien ordonné des rouages de son gouvernement ; l'œil à tout, mais peu de bruit de paroles. Surtout n'ennuyez pas le cher mari avec les histoires de bonne et de pot au feu. Il faut que le moment des repas soit une heure de paix et de récréation pour tous deux.

Avant de quitter ce sujet, résumons-nous. Ef-

forcez-vous de créer à celui que vous aimez un
oyer aussi confortable et aussi agréable que possible, au seuil duquel il trouvera le double rayon-
nement de votre sourire et du repos familial.

A l'instant, j'écrivais les noms de votre beau-
père et de votre belle-mère ; je veux aborder ce
sujet délicat, car suivant les rapports qui s'éta-
bliront entre vous et votre nouvelle famille, votre
propre bonheur, celui de votre mari, sera ou con-
solidé et complété, ou atteint et assombri irrémédiablement.

Je sais, ma chère Marcelle, que vous arriverez
vers les parents de votre jeune fiancé avec l'intention de mettre tout votre cœur au service de ce
nouveau père, de cette nouvelle mère, vers lesquels, me dites-vous, vous attire la plus grande
sympathie ; c'est fort bien, mais, croyez-moi, sur-
veillez-vous, car les meilleures résolutions ne ré-
sistent pas toujours à la première épreuve. Avec
vos propres parents, même dans les dissidences
et les petits conflits de volonté, la voix du sang,
soutenue par une affection réciproque, parlera
toujours ; c'est une voix puissante que celle-là.
A L... rien de semblable, nul souvenir commun,
aucun lien antérieur pour atténuer les froissements
inévitables entre caractères différents et inconnus
l'un à l'autre ; et, de plus, il faut compter avec
la jalousie maternelle, si excusable. Quoi ! à celle
qui, jusqu'alors, a possédé seule la confiance et le
cœur de son fils, vous les enlevez brusquement,

entièrement, car l'amour est d'essence exclusive, et vous vous étonneriez que toutes les fibres du cœur de cette mère ne frémissent pas? Ce serait le contraire qui serait surprenant. Allez donc au-devant d'elle, les mains tendues, caressantes, le sourire aux lèvres, en disant : « Ne craignez rien, mère, c'est une enfant de plus qui vous arrive, nous serons deux pour vous chérir : voilà tout le changement. »

Vous laisserez passer, s'il y a lieu, les petites boutades, les mots froissants, et bientôt, vous serez vous-même fortement ancrée dans les cœurs de vos beaux parents, en ajoutant un charme nouveau dans leur existence. Alors, vous attirerez ce qui est destiné à survivre à l'amour, l'estime et la tendresse de votre mari.

Appuierai-je encore sur la douce obligation pour la nouvelle mariée de ne pas négliger le toit paternel, où ses visites et ses lettres porteront la joie? Vous ne le permettriez pas.

Un mot encore avant de clore cette lettre déjà longue.

Votre fiancé est médecin, ma chère enfant, c'est un noble état, surtout lorsqu'on unit à de sérieuses connaissances techniques, un réel amour pour l'humanité, une grande compatissance pour l'endurance des maux si divers qui l'accablent. Il y a une médecine morale qui est le complément nécessaire de l'autre ; on est médecin qu'à demi, c'est-à-dire guérisseur, lorsqu'on n'a pas l'âme faite en ce sens. Eh bien ! ma chère fille, la digne compagne d'un docteur a certains devoirs particuliers à remplir. Elle aussi doit se montrer accueillante aux malades (l'occasion se présente toujours dans une petite ville où tout le monde se connait), aux pauvres surtout. Elle doit s'intéresser à leurs misères, soulager leurs besoins autant que sa position le permet, enfin, elle doit compléter l'œuvre de son mari, tout en restant une Providence cachée. En ces choses, votre cœur vous guidera mieux que je ne le pourrais faire.

Soyez l'un à l'autre votre joie, et j'ajouterai : votre conscience réciproque ; il faut s'aimer pour monter plus facilement vers le bien, vers le perfectionnement auquel nous devons tous tendre. Mes vœux, mes prières vous suivront dans cette ascension généreuse, ma très chère enfant, Dieu bénira votre foyer, qui sera ce que devrait toujours être le foyer d'une famille chrétienne.

LETTRE X

Ma chère Isabelle,

C'est un sujet fort délicat, celui sur lequel vous appelez aujourd'hui mon attention. Lorsqu'il s'agit d'orienter définitivement son avenir, la réflexion demande à agir lentement, dans le calme, car le regard doit s'efforcer de pénétrer le secret de la vocation, en observant la marche providentielle des évènements et les sentiments que ceux-ci ont fait naître à leur passage. Vous parcourez cette voie de l'observation depuis plusieurs années vous avez avec constance prié Dieu de vous donner la lumière d'une solution, et enfin vous êtes arrivée à poser très nettement la question.

« J'ai, dites-vous, vingt-sept ans, une fortune modeste, il est vrai, mais qui me rend indépendante. Jusqu'ici les quelques partis qui se sont présentés n'ont provoqué chez moi aucun attrait, aucune sympathie. Il y a quelques jours encore, M. R... dont vous connaissez bien la famille, m'a fait l'honneur d'une demande de ce genre. C'est un jeune homme très estimable, intelligent, dont les principes sont les miens, et qui offre, non-seulement les qualités sérieuses les plus désirables, mais encore le charme d'un aimable caractère ; cependant mon cœur est resté froid et malgré tout ce qui militait en sa faveur, je n'ai pu me résoudre à lui donner le moindre espoir, d'où je conclus que ma vocation n'est pas celle du mariage.

Ma chère Isabelle, je pencherais à croire que vous avez raison ; pourtant il ne faut pas trop se fier à ses impressions sous ce rapport ; peut-être n'avez-vous pas encore rencontré celui qui doit faire battre ce cœur d'apparence insensible jusqu'ici ; le mariage est la vocation du plus grand nombre. Cependant, il est certaines natures pour lesquelles il serait, ou un écueil, ou un lourd fardeau. Celles-là sont appelées à une voie différente.

Je le répète, je ne serais pas éloignée de croire que vous appartenez à ces dernières.

Vous avez toujours été un peu sensitive, refoulant au moindre froissement, à la moindre divergence, toute velléité d'expansion. Ajoutons à cet instinct de fleur sauvage, je ne sais quoi de fier et de timide à la fois, uni au soin jaloux de sauvegarder, sous tous rapports, votre indépendance.

Je crains, ma chère Isabelle, que ces dispositions soient peu compatibles avec une union aussi intime que doit l'être celle du mariage.

En outre, votre intelligence très développée, très cultivée, se plaît à embrasser les vastes horizons ; les idées générales l'attirent, la passionnent. Sans doute, vous n'êtes indifférente à rien de ce qui se passe autour de vous, mais votre esprit s'élève ordinairement au-dessus des menus faits, et l'on sent qu'il lui faut un réel effort pour redescendre aux choses journalières. Cet esprit de haut vol se plierait-il facilement aux mille détails d'un ménage ? Non, certes, que je condamne, bien au contraire, l'épouse ou la mère de famille qui, aux occasions propices, se plaît à entraîner son mari vers un terrain plus élevé que la base matérielle des choses, vers un but supérieur auquel nous devons tous tendre ; c'est même son devoir ; mais il faut que cette tendance s'allie chez la maîtresse de maison à une heureuse élasticité d'âme qui la rende capable de se plier sans efforts à tous les menus détails qui constituent la vie domestique. Seriez-vous capable d'agir ainsi avec persévérance ? Je sais que l'amour du devoir est très puissant sur votre âme, que vous ne transigeriez pas avec lui ; malgré tout, il faut éviter d'accepter des devoirs qui pourraient devenir des tentations. Et votre volonté, si arrêtée dans ses idées, si personnelle, si vigoureuse... Décidément je suis de votre avis.

Si chaque être doit concourir à l'harmonie générale, c'est à condition de se trouver dans la sphère qui lui convient. Il y a tant de choses à faire dans ce monde, qu'il se trouve des tâches pour toutes les bonnes volontés et pour toutes les aptitudes.

Oui, si chaque créature humaine doit avoir son lot sous ce rapport, votre cœur, ce cœur qui voudrait enserrer dans son amour l'humanité entière, moins que tout autre, ne pourrait rester inoccupé. S'il veut se réserver un sanctuaire solitaire, il a aussi un immense besoin d'action. L'occasion ne lui manquera pas.

« Ma mère, me dites-vous, finit par se résigner à me garder près d'elle. »

Chère maman, comme elle en sera satisfaite au fond du cœur, sans vouloir se l'avouer peut-être. N'est-ce pas une grande joie, une heureuse occupation de lui appartenir ? Vous avez un frère et une sœur mariés, il y a deux petits neveux, croyez-vous que les tantes n'ont rien à faire ? ces petits êtres vous feront goûter une partie des douceurs de la maternité et peut-être quelques-unes de ses angoisses.

Avec l'âme attentive aux invitations providentielles, vous verrez bientôt se dessiner des travaux à votre mesure. Sans y mettre trop d'empressement, soyez fidèle à ces attirances, et votre part d'action se nouera, votre tâche s'agrandira, sans que vous quittiez le rayon où Dieu vous a placée.

J'ai connu un champ d'action qui n'avait pour théâtre qu'une modeste chambre de malade, et pourtant combien vaste, combien fertile en œuvres marquées au sceau de l'éternité !

Sans doute le foyer domestique est un lieu béni, riche en nobles devoirs et en joies familiales, mais sur la demeure de la célibataire qui adopte, en fait et en vérité, pour son frère et pour sa sœur, chacun des êtres sur lesquels peut s'étendre sa sollicitude, les anges planent et la paix habite.

Il n'y a qu'une chose pitoyable en ce monde, celle de n'avoir aucun noble but.

Plaignons, quelle que soit la condition dans laquelle il se présente, l'être appelé par sa vocation à l'expansion généreuse de l'intelligence et du cœur, qui ne trouve rien de mieux à faire que d'élever dans son âme un autel à sa propre et infime personnalité.

Il n'en sera pas ainsi de vous, ma chère Isabelle vous appartiendrez à votre mère, à tous les vôtres, aux amis, aux pauvres, aux passants à portée de votre main et de votre cœur. Vous serez sollicitée à chaque instant par les pures jouissances de l'intelligence, des arts, de la nature. Comment voudriez-vous qu'au milieu de tant de devoirs bénis, de tant de choses harmonieuses et charmantes, le regret et l'ennui puissent arriver jusqu'à une âme ainsi sortie d'elle-même ?

Le célibat, lorsqu'il est le résultat d'une disposition particulière, d'un état d'âme interrogé sous le regard de Dieu, et d'une volonté éminemment pure, peut arriver à une beauté supérieure à toutes les autres, mais c'est à condition de monter chaque jour avec courage et persévérance l'échelle mystérieuse du Patriarche.

LETTRE XI

Ma chère Claire,

Si je ne connaissais l'extrême bonté de votre cœur et la maturité précoce de votre esprit, je serais effrayée pour vous de la nouvelle position où vous allez vous engager, mais déjà vos vingt-quatre ans ont donné des preuves d'esprit de conduite et de force aimante, qui sont bien faites pour me rassurer,

Par votre prochaine union avec M. Delmas, vous allez entrer dans une de ces anciennes demeures que l'on trouve assez vastes, assez hospitalières, pour loger plusieurs générations. Oui, dans la maison où votre mari vous conduira, vous trouverez son père et sa mère, deux frères, associés au commerce, une sœur aînée, devenue veuve, et sa fille. Depuis plusieurs années le sceptre du ménage se trouve aux mains de votre future belle-sœur.

Et tout ce monde vit en paix, dans la plus parfaite union. « Ils s'aiment tous profondément, me dites-vous ; à les voir ensemble, on ne peut douter de l'affection et de la confiance réciproques qui règnent dans cette famille. »

Aussitôt votre arrivée à Lavardin, votre belle-sœur déposera entre vos mains les clefs, signe de l'autorité domestique, et désormais, ma chère Claire, à vous incombera la tâche de poursuivre la continuation de cet heureux état de choses.

Il faut un caractère aussi brave que le vôtre pour accepter une pareille situation ; pour en envisager sans trouble les périls et les obligatoires sacrifices ; car vous devez vous attendre à des divergences de vues, à des exigences variées, à des manies, que sais-je, à toutes les difficultés de la vie commune.

« Ils vivaient en paix, me direz-vous, pourquoi n'en serait-il pas encore ainsi ?

Ma chère enfant, il ne faut pas s'illusionner

sous ce rapport ; avec vous, les choses changeront
d'aspect, car vous apporterez un élément étranger ; hélas ! oui, étranger, jusqu'à nouvel ordre.
Vous avez une manière de voir, des habitudes,
une méthode de travail, une entente du confort,
qui, nécessairement, sur plusieurs points diffè-
rent des leurs. Vos milieux n'ont pas été les
mêmes. Ils sont restés à ce qu'était autrefois la
vie familiale : large mais simple, et s'en trouvent
bien. Vous, vous avez goûté aux complications
modernes du progrès matériel ; vous avez pris, au
contact mondain, cet entregent, cette aisance,
cette initiative, qui étonneront peut-être les
vôtres, et pourront même quelque peu les
effaroucher. Il vous faudra beaucoup de tact,
c'est-à-dire beaucoup de cœur, car le véritable
tact vient de là, pour rattacher sans secousse le
passé au présent.

Vous êtes très décidée à vous conformer aux
habitudes de votre nouvelle famille, vous la jeune,
la dernière venue. C'est ainsi que vous prendrez
pied dans ce pays inconnu, que vous y recevrez
des cœurs vos lettres de naturalisation. Mais, ma
chère Claire, soyez précautionneuse : armez-vous
contre vous-même. Il y aura, surtout dans le
commencement, de nombreux sacrifices à faire
de part et autre, jusqu'au moment où, par une
pente naturelle, qu'aplanira votre bon vouloir,
vous vous soyez assimilé bon nombre des
habitudes et des opinions répandues dans l'atmos

phère qui vous enveloppera et vous transformera en quelque sorte ; et que, d'un autre côté, les éléments nouveaux que vous y apporterez aient fait leur chemin dans votre sens propre.

Il faut donc, en arrivant dans votre nouvelle demeure, agir avec discrétion : ne vous lançant dans aucun changement, demandant des conseils à votre belle-mère et à votre belle-sœur, ce qui ne peut que leur être agréable ; étudiant les caractères ; vous rendant compte des habitudes de chacun pour les respecter et les faire entrer dans votre futur programme. Seules, votre tendresse, votre amabilité pourront s'épandre librement sur un terrain ainsi préparé.

Peu à peu, si quelques améliorations sont vraiment désirables, elles se feront sans heurt par votre initiative. Ne risquez sur ce chapitre que ce qui peut être bien venu ou du moins accepté par tous. Savoir s'arrêter au moindre écueil ; veiller sans cesse au bien-être et au contentement de ses commensaux, en les faisant passer avant les siens propres, voilà la sagesse qui fera de vous le bon ange de la famille, la chère artisane de la félicité domestique.

La Famille ! avez-vous considéré sa beauté, lorsque tous les membres qui la composent sont unis dans la même chaîne d'affections et dans la même noblesse de sentiments ? Au faîte, l'aïeul avec sa belle tête blanchie, son regard serein où les luttes d'antan ont laissé la lumière de l'espérience et le souvenir heureux du devoir accompli. La grand'mère qui s'est démise de ses droits pour ne plus conserver que la joie d'aimer et de bénir. Les fils, travailleurs du jour, portant avec une dignité fière le poids des difficultés et des soucis quotidiens. La maîtresse de maison active et agissante, procurant à tous le bien-être et la sécurité. Ajouterai-je à ce tableau le profil d'un adolescent, d'une gracieuse jeune fille, ou d'un petit enfant au pur regard et au cœur confiant ?

Combien Dieu doit aimer ces familles bénies qui ne craignent pas de compter trop d'hôtes sous le même toit ; familles dont chaque membre se sent le cœur assez large pour englober, dans la même étreinte, ses affections d'époux ou d'épouse, de fils, de frère ou de sœur. Familles où l'on ne mesure ni le labeur, ni le dévouement ; où l'on se sent assez de tolérance et de tendresse pour le support mutuel des contradictions journalières.

Vos vingt ans, ma chère Claire, sont l'époque de la générosité, donnez donc *généreusement* toutes les richesses de votre cœur à votre nouvelle famille, et, je vous le promets, vous recevrez, en échange, le plus exquis, le plus complet des bonheurs humains : cette joie composée de la conviction du devoir accompli et du parfum des affections de famille ; bonheur qui ne peut être surpassé que par sa continuation, à l'abri de toute atteinte, dans la terre de l'immortalité.

LETTRE VIII

Ma chère Marceline,

Je reçois votre lettre et veux y répondre dès aujourd'hui. J'approuve votre résolution et vous félicite du courage déployé en cette occasion. Certes, il est pénible, après avoir terminé votre apprentissage de lingère, de renoncer à cet état qui entrait dans vos goûts et à la demi-indépendance qu'il procure, mais votre père, affaibli par une longue maladie, ne peut plus se livrer aux travaux pénibles d'autrefois, et il reste encore à la maison deux jumelles de treize ans. D'ici plusieurs années, bien que passée ouvrière, vous n'auriez pu gagner que fort peu de chose, alors, vous vous êtes décidée à prendre la position de femme de chambre chez Mme de R... Cette place bien rétribuée vous fournira les moyens d'aider votre famille. « Tout serait bien, me dites-vous, car je suis résignée à accepter bravement mes nouveaux devoirs, si cette détermination qui s'impose n'était extrêmement pénible à mon père. »

Je comprends les tristesses de ce dernier, mais si, comme je l'espère, il vous voit heureuse, l'amertume de ses regrets s'adoucira. Vous lui ferez comprendre par votre conduite, par votre attitude à la fois déférente et digne, qu'en toute situation, la noblesse des sentiments est de mise et peut s'exercer.

Vous entrez dans une grande maison, bien dirigée, il paraît, mais où il y a de nombreux domestiques.

Vous êtes très jeune, ma chère enfant, vos dix-sept ans sont tenus à beaucoup de réserve et de prudence. On vous assure que le service de Madame vous retiendra souvent près d'elle, et que le reste du temps, vous le passerez à la lingerie : mais les occasions de vous trouver avec les autres domestiques : maître d'hôtel, valets de chambre, cocher, etc., même hors des repas, ne manqueront pas. Soyez polie avec tout le monde, ma chère enfant, mais évitez la familiarité. Vous êtes naturellement fière, je m'en réjouis, en cette situation un peu de froideur vaut mieux que l'abandon. Vous trouveriez des personnes peu délicates qui en abuseraient vite. Renfermez-vous autant que possible dans votre service, sans beaucoup fraterniser au dehors, au moins jusqu'à ce que vous connaissiez votre terrain.

Vous avez passé quatre ans chez l'une des meilleures lingères de la ville, vous savez votre métier ; vous ne manquez ni de goût, ni d'adresse ; sous ce rapport, tout ira bien. Le caractère m'inquiète davantage. Je crains que le vôtre, habitué à une égalité relative de rapports avec ceux que vous fréquentiez, ne se susceptibilise plus d'une fois sous le commandement, ou ne prenne ombrage des habituelles formules usitées dans le service ; ou encore ne s'irrite de certains assujettissements.

Ma chère enfant, servir, c'est mettre une autre volonté à la place de la sienne. Plus vous serez pénétrée de cette idée, mieux cela vaudra. Obéissez donc à votre maîtresse sans réticence et sans humeur. Je ne connais pas Mme de R..., mais je sais qu'elle passe pour juste et bonne. Lorsque, comme vous, on n'a connu seulement que le service des siens que l'amour rend si facile, il est dur d'entrer à celui des étrangers. Tâchez de vous attacher à votre maîtresse, ce sera le meilleur moyen de vous rendre le joug plus léger.

Je dois vous prémunir contre les conversations des autres domestiques. Il est convenu qu'à l'office, on habille les maîtres, comme on dit. Je ne sais s'il en est ainsi au château d'Orchères, dans tous les cas, abstenez-vous complètement de prendre part à ces fâcheux entretiens ; même et surtout dans les moments d'humeur où vous croiriez avoir à vous plaindre, évitez de répandre au dehors des signes de mécontentement. On est mauvais juge dans sa propre cause ; on peut se tromper, et les paroles restent.

Plus haut, je vous mettais en garde contre les flatteries et les familiarités des personnages de l'office, j'étends cette recommandation à tous les hommes, en général. Il y a des gens, soi-disant bien élevés, qui ne se font pas faute de galanterie envers les filles pauvres, pourvues comme vous d'un joli visage. Ce sera le cas de prendre votre meilleur air de grave indifférence un peu hautaine, il ne sera nullement déplacé en l'occurence.

C'est par cette conduite, à la fois sage et modeste, que vous vous attirerez l'estime de Mme de R... et de tous les commensaux du château. Toute fonction peut être ennoblie par la manière dont on la remplit. Vous connaissez la place honorable qu'occupaient autrefois dans la famille les serviteurs fidèles et dévoués. Pour moi, qui compte des amis dans tous les rangs de la société, je connais la valeur morale de certains d'entre eux. C'est l'individualité qu'il faut chercher partout. Ce sont, avant tout, les qualités qui doivent provoquer notre respect et notre sympathie.

Et du reste, ne servons-nous pas tous quelqu'un ou quelque chose? Et souvent des maîtres autrement autoritaires, qu'ils s'appellent nos supérieurs ou la nécessité.

Ma chère Marceline, vous avez rempli votre devoir de fille; grâce à vous, une aisance inconnue jusqu'alors va entrer dans la maison paternelle. Vous avez fait votre part, Dieu fera le reste. Le bonheur est chose intime. Dans les âmes nobles comme la vôtre, il procède surtout de la conscience du devoir accompli et de la conviction d'avoir coopéré au bonheur de ceux qu'on aime.

LETTRE XIII

Ma chère Hortense,

Je vous félicite de votre résolution, je la trouve sage et de plus inspirée par l'esprit pratique que j'ai toujours reconnu en vous. Vous êtes intelligente, vous avez fait d'excellentes études primaires ; comme tant d'autres, vous auriez pu briguer l'honneur du brevet, affronter sans crainte les examens, mais, vous vous êtes dit que les aspirantes pour l'enseignement étant sans nombre, les places devenaient de plus en plus rares ; que vos parents possédaient de très petites rentes dues à un travail qu'ils continuent encore ; alors vous avez conclu qu'il valait mieux choisir une carrière où vous pourriez, en leur évitant de nouveaux sacrifices, gagner votre vie à bref délai.

Il existe dans votre voisinage un excellent atelier d'ouvrières en robe, ayant à sa tête une maîtresse capable et de bon renom. Sachant déjà travailler, vous avez été acceptée dans cet atelier à des conditions avantageuses : votre apprentisage sera court.

Le travail, ma chère Hortense, qu'il soit intellectuel ou manuel, est la chose la plus respectable du monde. Le mieux serait de pouvoir les mélanger l'un et l'autre. La tête se trouverait bien d'un exercice physique qui fait circuler le sang, en redonnant aux muscles la souplesse qu'ils finissent par perdre dans l'inaction. Du reste, il n'y a guère, que je sache, de bon travail purement manuel, il faut toujours que l'esprit s'en mêle.

Votre nouvelle directrice vous connaît depuis l'enfance, elle a expérimenté votre adresse, votre goût, et n'hésite pas à vous promettre le succès.

Tant vaut l'homme, tant vaut le métier. Je le sais, vous mettrez de l'ardeur à profiter des leçons, ne vous contentant pas de l'effort journalier, mais vous essayant à la coupe des étoffes, à leur ajustement ; ainsi vous atteindrez le but.

Une des choses les plus indispensables dans votre état, après le savoir-faire, c'est le goût. Efforcez-vous, à l'aide du temps et de l'observation, d'en concevoir une notion de simplicité et d'élégance. Il y a plusieurs manières d'interpréter la mode, songez, ma chère, qu'il suffit souvent aux personnes de votre état renommées pour leur goût, d'avoir le tact de l'âge et de la situation, pour éviter à leurs pratiques, surtout aux jeunes, des folies sous ce rapport. Une couturière d'esprit et de cœur peut, sans avoir l'air d'y toucher, posséder une réelle et saine influence en ces matières.

Vous souriez, Hortense, et dites en vous-même : bien sûr, il va se glisser ici un petit bout de morale. Sans doute, celle-ci ne sera jamais mieux à sa place que dans un atelier de jeunes filles.

Vous avez toujours passé pour plus sérieuse que votre âge ; la santé délicate de votre chère maman vous a habituée de bonne heure aux prévenances et aux soins domestiques. Votre jugement s'est formé à cette école ; aussi, sans craindre une légèreté inconnue à vos quinze ans, je viens parler avec vous des nouveaux devoirs que vous êtes appelée à remplir. Je passe sous silence l'obéissance aux ordres reçus, l'application soutenue, choses qui iront toutes seules, je veux arriver à un point plus délicat.

L'atelier dans lequel vous avez pris place est nombreux, et bien que ces demoiselles se montrent dificiles sur le choix des apppenties, il peut se glisser, soit dans leurs rangs, soit dans celui des ouvrières, des jeunes filles légères dont la fréquentation peut être préjudiciable aux autres. Vous me direz sans doute à ce sujet, qu'étant heureuse de consacrer vos loisirs du dimanche à vos chers parents, vous n'éprouvez aucun désir de vous lier avec vos compagnes. Très bien, mais permettez-moi de considérer les choses à un autre point de vue.

Dans toute atmosphère composée d'un certain nombre de personnes, les éléments du bien et ceux du mal se disputent la prééminence ; ceci doit arriver dans votre atelier, ainsi qu'en tout rassemblement. Je ne crains nullement, ma chère Hortense, que vous contractiez alliance avec les éléments mauvais, mais plutôt que vous obéissiez à un sentiment d'indifférence, peut-être de secret dédain. La plupart de vos compagnes, moins instruites et moins intelligentes que vous, vous choqueront souvent par leurs allures et la vulgarité de leur langage. C'est alors qu'il faudra vous souvenir de la responsabilité qui incombe à chacun de nous, suivant ce que nous avons reçu.

Voici ce que j'attends de votre esprit de justice, et je le sais, vous ne tromperez pas mon espérance.

Étudiez d'abord en silence le personnel qui vous entoure, vous aurez bientôt, parmi ces jeunes filles, distingué les bonnes, les légères, et même les vicieuses, s'il y en a. Alors, sans familiarité de mauvais aloi, mais avec amabilité, vous aiderez les premières à attirer les secondes, à les appuyer dans le bien, et vous tiendrez tête aux dernières. En rendant de petits services, en vous montrant bonne camarade, comme on dit, il vous sera facile d'acquérir une certaine influence. Il n'est pas d'être raisonnable qui ne puisse avoir sa sphère d'action, et dans celle qui se présente à vous, d'excellents résultats peuvent se produire. Je vous assure qu'au compte-rendu de là-haut, il sera bien égal que vous ayez été couturière ou marquise, ce qui importera, ce seront les œuvres.

Souvenez-vous encore du dicton : c'est l'homme qui honore la place et non la place qui honore l'homme. Marchez donc, ma chère Hortense, à la conquête morale de votre atelier avec autant de fierté et d'ardeur que vous en eussiez mis, institutrice, à conquérir les cœurs de vos élèves.

Savez-vous ce que j'entrevois dans un avenir plus ou moins éloigné? Votre succession à ces demoiselles. Oui, j'ai l'idée que, plus tard, elles vous céderont leur maison ou du moins pourront vous associer, dans sept ou huit ans, avant peut-être. Alors, vous arriverez toute préparée pour la direction, et l'on pourra dire, de votre établissement de couture, ce que j'ai entendu proclamer de deux ateliers de ma petite ville : « Ces maisons rendent autant de service pour la formation de notre jeunesse, qu'un bon pensionnat. »

Ne voilà-t-il pas, à part les avantages matériels, un but élevé et digne de vous, ma chère Hortense ?

LETTRE XIV

Ma chère Anne,

Quel joli coin ! comme le soleil de juin y brille adouci par les souffles du soir! Vrai, on voit ces derniers effleurer les hautes herbes : comment votre pinceau a-t-il pu saisir ce vent léger avec sa douceur qui en fait une caresse ? J'ai reconnu Malroy et le sentier de la prairie, qu'avant les fenaisons j'aimais tant à parcourir, alors que des milliers d'aigrettes vertes et brunes ondulaient gracieuses à la moindre brise. J'ai un goût particulier pous ces traînes serpentines. Et le bouquet de frênes, et la jolie source ! Votre petit tableau est aussi vrai que charmant, ma chère Anne ; il fixe l'un des plus délicieux souvenirs de mon dernier été. Merci, et de tout cœur mes félicitations pour votre réel talent de paysagiste.

Ce riant Malroy, vous songez à le quitter... l'hiver seulement. Pendant quatre ou cinq mois, vous désirez vous fixer à Paris, afin d'être à même d'étudier les maîtres et de prendre des leçons.

Même en invitant, suivant mon habitude, dame Raison à prendre part à notre conciliabule, je ne puis vous blâmer, au contraire. Malheureusement aucun devoir familial ne vous retient, vos deux sœurs sont établies à leur goût et au vôtre. Usant de vos droits d'aînée, vous vous êtes montrée généreuse à leur égard, et il ne vous reste en propre que la petite ferme de Malroy.

« Mes goûts sont des plus simples, me dites-vous, ma sobriété presque celle d'un anachorète, et ma santé superbe. Le grand air, l'exercice de mon art, l'affection des miens et celle de mes amis suffiront amplement à remplir, à embellir ma vie. Si je projette un séjour à Paris, c'est par nécessité et non par goût. Malroy fera toujours mieux mon affaire, même en hiver, que la capitale. Il est rempli pour moi de souvenirs de famille ; j'y ai passé ma joyeuse enfance ; c'est là que j'ai pris ce goût si vif de la nature, qui m'a conduite à l'amour de la peinture, mon but et ma joie.

Combien d'heures délicieuses ai-je passées ici à étudier un arbre ou une fleur, m'oubliant jusqu'au moment où ma bonne Catherine m'appelait pour le repas ! Mais, il me faut étudier les tableaux à la portée de mon modeste talent et recevoir des leçons, ensuite je reviendrai de grand cœur mettre études et leçons en pratique à Malroy. J'y ai un petit logement convenable, dans lequel je pourrai recevoir mes sœurs et mes amis ; de bons fermiers ; enfin, comme la fourmi, j'y amasserai le grain de mil pour l'hiver. L'art est, après Dieu, ma divinité, je m'achemine vers son temple avec une confiance humble, mais filiale et courageuse. »

Ma chère Anne, vos vingt-six ans ont donné les preuves d'un esprit de conduite aussi sage qu'intelligent. Vous ne compromettrez jamais votre pain quotidien, pas plus que cette dignité féminine qui, parfois, court grand risque dans les ateliers des peintres du jour.

Votre genre : le paysage et les fleurs, vous permet le plus ordinairement un travail solitaire. En outre, les professeurs dont vous aurez à solliciter l'enseignement n'ont besoin d'aucun de ces modèles dont votre modestie s'effaroucherait à juste titre. De plus, la familiarité n'étant pas votre fait, vous saurez tenir à distance les maladroits et les malotrus. Je n'aime guère voir la femme peintre fréquenter sans choix les ateliers, s'y trouver chez elle et traiter les autres artistes en camarades. Il me semble que la dignité, pour ne pas dire autre chose, doit y laisser quelque peu de son intégrité et de sa grâce.

Je sais que rien de semblable ne doit vous arriver. Vos très nobles instincts sont secondés d'un tact sûr qui vous mettra en garde contre n'importe quelle surprise sous ce rapport. Vous donnerez toujours à votre vie cette tenue, cette respectabilité tangible que rien ne pourra entamer, ne prenant à l'artiste comme l'entend trop souvent le monde, que les nobles qualités et le talent.

L'étude dans les musées ne vous offrira aucun de ces inconvénients. A part la curiosité banale de quelques visiteurs, rien ne viendra troubler le recueillement de votre travail. Quelle jouissance dans la contemplation d'un chef-d'œuvre ! et quelle joie pure, quelle excitation agréable en s'efforçant d'en reproduire les beautés !

Mais voici que dame Raison me tire de nouveau par la manche et prétend être écoutée. « Tout cela est bel et bon, murmure-t-elle, mais les rentes d'Anne sont exiguës, elle aura à souffrir de nombreuses privations dans ce grand Paris. » Juste, la poste arrive, et une nouvelle lettre me rassure à ce sujet.

Vous avez trouvé à côté du Luxembourg une belle grande chambre à deux larges fenêtres donnant sur le jardin, d'un loyer modéré ; et de plus, dans le voisinage, un bon petit restaurant aux prix raisonnables. Ensuite, on vous enverra des provisions de la ferme. Je vois que tout est prévu et organisé pour le mieux, alors dame Raison n'a plus qu'à faire la révérence et à se déclarer satisfaite.

Maintenant, je veux me réjouir avec vous, ma chère Anne, et vous féliciter de la vocation qui vous emporte vers l'éternelle beauté dont la nature n'est que l'humain reflet.

Oui, l'art fidèle à sa mission, s'il n'est pas la Divinité elle-même, est au moins la manifestation de cette beauté primordiale dont l'harmonie a saisi votre âme dès l'enfance.

Je vous vois toute jeune, déjà attentive aux choses de la nature, dans les promenades, cueillir les fleurs, les grouper avec goût en harmonisant les couleurs ; puis rester songeuse devant un beau coucher de soleil, un joli site, ou une éclaircie sous bois ; alors vous retourner bientôt, l'œil brillant et presque humide, en disant : « Comme c'est beau ! Mademoiselle, comme c'est beau ! » Oui, dès l'enfance, la beauté extérieure a agi sur votre impressionnabilité déjà artistique d'une manière remarquable. Maintenant, plus exigeante, vous demandez à la nature de vous faire connaître son âme... et dans ce but, sans cesse vous interrogez son charme mystérieux, sa poésie, et vous jetez sur la toile des arrière-plans qui font rêver, pendant qu'aux premiers, votre pensée s'incarne en un trait vigoureux fixant nettement les contours.

C'est en humble pèlerine, me dites-vous, que vous montez vers le radieux sanctuaire de l'Idéal. Sans doute, mais dès aujourd'hui vous donnez la vie à tout ce qui sort de vos mains.

Ah ! ceux qui prétendent que le maximun de l'art est d'être un consciencieux copiste de la forme, ne sont et ne seront jamais de véritables artistes. Manquant du souffle qui donne la vie, ils ne trouvent rien de mieux que d'en nier la puissance et la mystérieuse beauté.

Que Dieu bénisse vos efforts, ma chère Anne ! Déjà vous avez recueilli de précieux suffrages et deux de vos tableaux de fleurs ont été admis au Salon ; mais c'est le paysage qui vous attire surtout ; avec l'étude, vous arriverez, je ne dis pas à la gloire, ni même à la réalisation de votre rêve du beau, mais, au moins, à en fixer le reflet.

La gloire ! certes, il est doux de lire l'admiration pour son œuvre dans les regards de ses contemporains, mais plus doux encore est le rayon d'enthousiasme qui suit la conviction d'avoir touché à l'idéal, d'en avoir monté un des sommets. L'approbation sentie d'un véritable artiste à l'âme élevée, celle de vos amis, voilà, avec la noble flamme intérieure, la meilleure récompense que pourra vous décerner l'avenir.

Tant de gens s'en vont le front baissé vers la terre, qu'il est consolant de contempler ceux qui fidèles à leur origine, marchent l'œil levé vers les hauteurs.

LETTRE XV

Ma chère Caroline,

Ainsi votre résolution est prise, vous voulez vous consacrer aux travaux littéraires, et, ce qui est plus important, vous êtes décidée à en faire votre carrière.

Je le reconnais : votre esprit est vif, pénétrant, vous possédez des connaissances étendues sur les diverses branches de l'enseignement secondaire féminin ; je constaterai encore que vous avez étudié d'une manière à la fois intelligente et sérieuse la Littérature française et les principales Littératures étrangères. Je conviens de tout cela et cependant, l'idée de voir une femme, une jeune fille, n'ayant que des rentes insuffisantes pour subvenir aux nécessités matérielles, se vouer à la profession de femme de lettres, m'effraie toujours.

Vous penserez peut-être que moi-même j'écris des articles, voire même des romans ; cela est vrai, mais quelle différence ! C'est à l'automne de la vie, après une longue carrière dans l'enseignement, aux heures de retraite et le pain quotidien assuré, que je consacre mes dernières années à semer çà et là une pensée, un avis discret, sous une forme aussi attrayante qu'il est en mon pouvoir de le faire.

Votre dernière lettre, il est vrai, tend à me rassurer : vous n'irez point vous installer à Paris avec vos seules ressources, vous vous êtes assuré des leçons d'histoire et de littérature dans un bon pensionnat où vous trouverez la table et le couvert. Vous pourrez attendre ainsi, sans trop de préoccupations, que le succès vienne vous visiter.

Le succès, ma chère Caroline, est un oiseau rare et fort capricieux dans ses faveurs.

Enfin, vous avez trente ans, du courage, un talent réel, bon nombre d'illusions et... plusieurs manuscrits en poche, c'est assez pour armer votre jeunesse à l'assaut de l'avenir.

La carrière des lettres est fort honorable en elle-même, et je comprends que son mystérieux attrait attire un esprit aussi largement ouvert que le vôtre à la vie intellectuelle. Rien de tentant comme la perspective de pouvoir répandre autour de soi les nobles sentiments que renferme un cœur chaud et vibrant : rien de plus intéressant, pour un esprit enclin à l'analyse, que de sonder les replis de l'âme humaine. Enfin, existe-t-il plaisir plus royal que celui de créer de toutes pièces des personnages, de les animer, non du feu du ciel, mais de son propre souffle ; de les faire mouvoir, agir, aimer, souffrir sous ses propres impulsions?

Une des femmes qui, dans le milieu de ce siècle,

a le plus honoré les lettres : Mme Bourdon, m'écrivait un jour : « Je ne sache rien qui vaille la composition. Quel plaisir de s'entourer d'êtres de son choix, de vivre avec eux dans une étroite intimité ! On les aime, on s'attriste sur leurs douleurs et parfois on les pleure. »

Un autre auteur, possédant un beau talent et un noble caractère : Mlle Ulliac Trémadeure, m'a tenu le même langage. Elle mettait la joie, à la saveur si vive et si pénétrante, des heures d'inspiration au-dessus même de celle du succès, qu'elle avait pourtant connu. Puis, elle ajoutait avec un sourire non exempt d'une nuance de mélancolie : « Le succès, il arrive souvent trop tard, et demeure toujours incomplet. »

Ajouterai-je mon humble suffrage à celui de ces deux femmes supérieures ? Vous-même, ma chère Caroline, depuis que vous avez goûté au philtre enchanteur que l'imagination présentait à vos lèvres, n'avez plus retrouvé d'attrait dans nulle autre nectar.

Certains écrivains de nos jours riraient bien s'ils lisaient ces lignes : la carrière des lettres n'étant pour eux qu'un métier comme un *autre*, jamais la composition ne les émeut, ni ne les entraîne. Ils brosssent des pages, comme ils feraient toute autre chose, sans la moindre étincelle de feu sacré. N'ayant pour objectif que le succès d'argent, ils s'inspirent des goûts souvent les plus vulgaires, cherchant la nouveauté,

l'imprévu, ne reculant pas même devant le scan-
dale ; et comme ils savent flatter les passions de la
multitude et écrire en français, voilà une réputation faite.

Ma chère fille, je connais la pureté de vos intentions, la noblesse de vos sentiments : « Jamais, vous
écriez-vous, je ne voudrais déshonorer ma plume
d'un mot équivoque, d'une peinture malsaine,
dût le succès être au bout. »

Vous le voulez fortement, d'une conscience délicate et fière, je le sais ; mais croyez-en ma vieille
expérience, il est bon d'appuyer nos meilleures
résolutions d'étais sûrs. Les tentations sont quelquefois rudes.

Une des premières conditions qui vous aideront
à aborder une carrière libérale aussi aléatoire que
celle des lettres, avec un front serein, c'est la
simplicité de vos goûts, votre facilité à vous passer
de luxe et même de bien-être. Oui, vous possédez
ce titre à l'indépendance au suprême degré.
Une seconde condition indispensable aussi, c'est
de ne pas attendre de sa plume le pain quotidien.
Dieu merci ! je vois votre existence assurée, pour
le moment du moins.

Il est rare que celui qui s'expose de gaieté de
cœur aux tentations ne finisse pas par y suc-
comber. Sous ce rapport, il est bon de conserver
une certaine méfiance de soi-même.

Je me rappelle la belle pièce de Ponsard :
l'Honneur et l'Argent, que malheureusement on ne

joue plus ; le principal personnage jette à grands cris *Tolle* sur un père de famille qui vend sa plume pour nourrir les siens ; et plus tard, ce même critique fera bien pis, il se vendra lui-même pour le confort et le luxe.

Ma chère Caroline, vous comptez offrir vos manuscrits aux journaux et aux revues que vous jugez favorables à votre genre. C'est bien, mais écoutez : nombre de rédacteurs sont bien élevés et vous recevront avec politesse; on promettra de lire votre manuscrit si, dès l'abord, on ne se déclare trop encombré ; mais neuf fois sur dix et encore ! la réponse sera : « Trop de psychologie, Mademoiselle, notre public veut de l'action, tou-jours de l'action. » Ou ceci : « Nous regrettons, mais ce n'est pas assez corsé pour nos lecteurs. » Un autre, et ce sera le tentateur, vous dira : « Ce n'est pas mal, vous aviez une idée, vous teniez une scène vraiment tragique, pourquoi n'avez-vous pas été jusqu'au bout ? Vous avez reculé devant certains mots, certaines données ont effrayé votre puritanisme provincial, osez donc, Mademoiselle, et venez nous retrouver. »

Admettez que vous ayez faim, cela se voit, que vous deviez à votre propriétaire, est-ce que vous ne serez pas rudement tentée? D'autant mieux que votre conviction sera que vous pourriez, si la conscience et vos propres sentiments ne s'y oppo-saient, créer comme tout autre ces situations sca-breuses d'où découlent les scènes à effet, qui

passent, en ce temps de décadence morale, pour
œuvres de maître.

Je ne parle pas de certains bureaux de rédaction où, dès l'abord, une honnête femme recule devant la tenue débraillée et les regards hardis de ceux qui les composent.

Vous n'y mettrez jamais les pieds.

Laissons ces tristes détails; je devais vous signaler les misères et les embûches qui s'offrent aux débutantes dans la carrière que vous voulez embrasser.

Vous êtes résolue à tracer votre laborieux sentier, pas à pas, jour par jour. Comme ces femme d'élite qui s'appellent, pour ne parler que des contemporaines : Mmes Craven, Zénaïde Fleuriot, Vattier d'Ambroyse, Marie Maréchal, Claire de Chandeneux, Maryan et nombre d'autres, Dieu merci ! qui ont honoré ou honorent encore les lettres, vous voulez jeter dans l'atmosphère de la Patrie française les parfums du beau et les semences du bien.

C'est un noble but, ma chère Caroline, qui demande toutes les puissances de votre vive intelligence et toutes les forces de votre cœur. Vous ne faillirez pas à cette tâche, je connais votre courage.

Vous marcherez devant vous avec fermeté et sans défaillance, quelles que soient les déceptions et les épreuves qui surgiront sur votre route, le regard à l'horizon, appuyée d'une impérissable foi, la volonté imprégnée du patriotisme le plus pur et d'un ardent amour pour l'humanité.

Alors, je vous le promets, vous trouverez en vous-même votre première et plus chère récompense dans cette conviction qui, plus tard, enchantera vos souvenirs : celle de n'avoir pas écrit une ligne qui ne fût l'interprète du vif désir de produire une impression bienfaisante.

L'approbation de vos parents, de vos amis, leur estime dans l'affection, sera douce à votre cœur.

Il est encore une jouissance aussi pure que pénétrante, que vous ne tarderez pas à goûter, ma chère Caroline, c'est la sympathie provoquée par vos ouvrages sur les âmes de lecteurs aux idées correspondant aux vôtres. Rien n'est plus doux que ces liens intellectuels, que cette entente dans les aspirations, dans les sentiments. Il n'est pas rare que ces liens formés en des âmes attirées à travers la foule par des affinités supérieures l'une vers l'autre, deviennent, avec le temps, très étroits et donnent bientôt naissance à une réelle et constante amitié.

LETTRE XVI

Ma chère Adèle,

Votre lettre m'a profondément émue, tout en me laissant une impression d'ineffable paix.

Vous voulez entrer chez les sœurs de Saint-Vincent de Paul pour mettre au service des pauvres, des infirmes, des malades, des abandonnés, les forces de votre jeunesse et tout le dévouement de votre cœur, et vous venez me demander un dernier encouragement.

Il est beau de s'unir pour le sacrifice à l'époux divin qui donne et demande un surnaturel amour, mais il vous faudra abandonner ce toit paternel qui renferme vos plus chères affections; et malgré l'irrésistible aspiration d'une vocation étudiée et mûrie depuis plusieurs années, vous éprouvez un grand ébranlement, une douleur cruelle. Et pourtant vous sortirez du foyer domestique avec tous les consentements et toutes les bénédictions.

Vos parents, bien qu'attristés de votre départ, donnent généreusement leur chère enfant à la société et à Dieu.

Il faut qu'il en soit ainsi pour que votre résolution soit véritablement bénie. Dieu n'a jamais mis l'appel au plus parfait en contradiction avec le devoir filial. Parfois, plusieurs s'illusionnent sous ce rapport en mettant leur propre volonté à la place de la volonté divine. Alors, les fruits de ces déterminations trop personnelles sont stériles, sinon amers.

Vous, ma chère Adèle, vous pouvez dire au Seigneur comme Ruth à Noëmi : « Mon père et ma mère ont beaucoup de fils et de filles dans leur demeure pour les chérir et les soigner dans leurs vieux jours. »

Allez donc en paix vers le sanctuaire, ma chère enfant, mes vœux et mes prières vous accompagneront.

Vous voulez qu'une fois encore, je vous envoie quelques-unes de mes réflexions sur l'appel à la vie religieuse ; pourquoi demander ces choses à votre vieille amie, lorsqu'au dedans de vous, une voix intérieure, autrement éloquente et autorisée, vous a donné de si hauts enseignements ? C'est, sans doute, le désir, qui ne se formule pas sans un peu de mélancolie, d'entendre encore une fois l'écho d'accents humains que vous avez toujours respectés et aimés.

Dès son point de départ, la vocation à la vie religieuse demande deux qualités : la pureté et le détachement de ce qui est périssable.

La pureté est le sublime cachet de toute âme qui, dès l'aube, aspire à monter rapidement vers les hauteurs. Les yeux de celle-ci ne s'arrêtent que sur les nobles formes de la vie ; ses oreilles ne veulent entendre que les paroles de la vérité, du bien, que les chants qui élèvent la pensée ; son cœur se dérobe, en se repliant sur lui-même comme la sensitive, à tout contact impur ; c'est de cette âme docile à l'inspiration divine et précautionneuse contre la tentation, qu'il a été écrit : « Vous êtes belle, ma bien aimée, et vous embaumez comme un lys. »

Le détachement de ce qui est périssable.

Plus l'âme est pure, plus elle se détache facilement des formes de la vie. Le bien-être, le luxe, les plaisirs mondains, les joies, même les plus permises, ont perdu tout attrait pour ce cœur épris des beautés éternelles. Elle sait que toutes choses finiront, s'assombriront, se disperseront au souffle de la mort comme les feuilles au vent d'automne. Son cœur ne veut s'attacher qu'à ce qui est immortel. Ses affections, au contraire, s'affirment, se solidifient, dans ce cœur élargi par la Foi ! Le père, la mère, les frères et les sœurs, les amis, elle se réjouit de les retrouver plus tard dans la plénitude de la paix ; de les aimer alors avec un de ces cœurs d'immortelle puissance qui ne se lassent jamais, qui ne sont restreints par aucun obstacle, par aucune mesure.

Elle n'abandonne que ce qui passe, mais rien de ce qui demeure.

C'est cet amour, c'est ce détachement dont j'ai respiré la bonne odeur en vous, ma chère Adèle.

Mais, vous êtes encore une fille de la terre aux goûts affinés par l'éducation et les habitudes de famille ; avez-vous réfléchi, dans ce désir de vous consacrer à l'humanité souffrante, aux misères sans nombre qui demanderont vos soins le jour et la nuit ? avez-vous songé aux répugnants offices, auxquels devront se livrer vos mains délicates habituées à courir sur la mousseline et la soie ? Certains spectacles de la maladie et de la mort n'épouvanteront-ils point ce cœur habitué aux plus douces émotions ? Enfin, croyez-vous aimer assez vos frères malheureux pour que toutes leurs misères s'éclairent, s'épurent, se transforment dans la joie du dévouement et du sacrifice ? Y a-t-il dans votre amour pour Dieu une espérance de son secours assez puissante pour vous permettre d'entrer dans cette voie du renoncement complet, sans crainte et sans tremblement ?

S'il en est ainsi, ma chère Adèle, soyez sans peur, vous aussi avez choisi la meilleure part.

Le monde, qui ne comprend pas souvent les beautés de la vie contemplative, ni la sublimité de ses fins, louange la sœur de charité dont l'œuvre apparaît visible à ses regards.

Je connais votre cœur, ma chère Adèle, je sais avec quelle exquise bonté vous écouterez vos chers malades, vos infirmes, et quelles paroles de consolation vous saurez murmurer à leur oreille. Par cette persuasive et fortifiante douceur, nombre d'affligés trouveront la force de s'élever aux régions de la résignation et de la confiance divine.

Il est beau d'être l'infirmière du corps, mais y ajouter d'être celle de l'âme est mieux encore.

La certitude du bien accompli et la paix provoquée par l'atmosphère du cloître seront votre première récompense. Les bruits mondains viendront mourir à vos pieds, et si votre cœur s'émeut au récit des peines d'autrui, votre sérénité intérieure n'en sera point troublée, ayant jeté, pour vos frères et pour vous, l'ancre en lieu sûr,

Je m'arrête respectueusement devant ces joies du sanctuaire où votre âme, semblable à l'oiseau qui agite ses ailes à l'air libre, se sentira attirée vers l'infini, d'où elle rapportera de mystérieuses et puissantes bénédictions, qui la soutiendront aux heures d'épreuve et d'angoisse inhérentes au plus entier renoncement lui-même, car sur cette terre :

De quelque jus divin que Dieu nous la remplisse,
Toute l'eau de la vie a le goût du calice.

LETTRE XVII

Ma chère Rose,

Quel délicieux parfum de gaieté s'exhale de votre dernière lettre ! Vos seize ans proclament fièrement la fin de votre adolescence, des robes courtes, des cheveux au vent, des bals d'enfants, et du reste. Vous allez faire votre entrée dans le monde : mardi prochain aura lieu votre premier

bal ; un bal de grandes personnes, un vrai, celui-
là. Et vous me décrivez votre toilette : mousseline
de soie blanche avec églantines rosées dans vos
beaux cheveux : ce sera ravissant. Vos deux frères,
l'ingénieur et le Saint-Cyrien, vous ont promis de
vous faire danser, aussi ne pensez-vous plus, ne
rêvez-vous qu'à cette fête. « Maman, écrivez-vous,
m'appelle pauvre petite folle ; Louis me contemple
d'un œil sérieux sans rien dire ; Jean prend son
ton le plus pédagogue pour s'écrier : « Quelle
sottise ! rien n'est assommant comme le monde !»
Seul, papa me soutient : « Laissez-la donc s'amu-
« ser et avoir confiance, murmure-t-il avec un sou-
« rire indulgent, il est trop tôt pour lui prêcher le
« gris et le noir, laissez-la au rose. » Cher papa,
aussi est-ce à lui que je vais conter mes petites
affaires. Ce matin, on a apporté ma toilette, vite,
j'ai voulu l'essayer... Vraiment, c'est gentil, la
mousseline et les fleurs, et aussi, il faut en convenir, les joues roses et le regard brillant. Je me
suis faufilée en silence dans le cabinet de papa.
Il travaillait avec tant d'attention qu'il n'a pas
entendu la porte s'ouvrir. Alors je lui pose mes
mains sur les yeux et je l'embrasse, il se débar-
rasse prestement, se détourne et sourit. « Ma petite
rose de mai : s'écrie-t-il.» Encore un baiser, et je
m'envole. »

Moi aussi, petite Rose, je vous dirai : amusez-
vous ; soyez gaie, jolie, aimable, jouissez de votre
fraîche toilette, sans regarder si celle des autres

est plus élégante ; jouissez des salons lumineux, de la verdure des plantes rares, des sourires et des jolies choses qui se disent dans ce pays-là, et qui ne sont qu'une monnaie courante de courtoisie ; faites bondir vos pieds agiles, mais surtout ne demandez à ces passants que les seules choses que vous pouvez leur donner vous-même : l'amabilité et le plaisir d'une heure.

Le plaisir ! voici en effet le mot reçu pour caractériser l'espèce de jouissance qu'offrent ces réunions brillantes. On dit : les plaisirs du monde et non les : joies. Bien fou qui voudrait ancrer ses affections sur ce fond de sable ; bien fou qui voudrait s'y bâtir une demeure. Là tout est ondoyant, changeant et de trompeuse apparence ; aussi, ma jeune amie, échangez les paroles gracieuses qui s'envolent comme des bulles de savon ; ayez des procédés remplis de bienveillance, mais gardez tout votre cœur pour la maison ; c'est-là qu'on vous aime.

Ne demandez au monde ni la sympathie du cœur, ni même celle de l'intelligence ; son rôle est d'amuser ; il ne peut sortir de là, cet être capricieux et complexe. Savez-vous que d'aucuns ont comparé le monde à l'antique Sirène ? Lui aussi dévore ceux qu'il a charmés ou les rejette pantelants sur la rive. Il fait beaucoup de bruit afin qu'on n'entende pas les gémissements de ses victimes.

Vous secouez votre jolie tête, Rosette... Ces

chères et ignorantes créatures, elles sont toutes incrédules à la voix de notre vieille expérience. La jeunesse leur chante sa chanson, elles ne peuvent écouter autre chose.

Je sais que, malgré votre ardeur juvénile, vous êtes très capable de raisonner ; aussi je veux continuer mon « prenez garde » de vieux pilote.

Je vous connais un caractère d'une irréprochable loyauté ; vous n'avez, malgré votre jeune âge, qu'une parole, comme on dit vulgairement; aussi je vous prie instamment de prendre deux résolutions avant d'entrer dans le monde : continuer à raconter à votre chère maman tout ce qui se passera en vous et ne jamais omettre, quel que soit l'entraînement ou la fatigue du plaisir, vos prières du matin et du soir. Faites-les courtes, au besoin, mais faites-les.

Ma chère enfant, vous avez vécu dans une atmosphère de pureté et de bienveillance, dans laquelle vous vous êtes développée en toute liberté. Vous avez la douce habitude de croire tout ce qu'on vous dit et d'avoir une confiance absolue dans ceux qui vous entourent. Rien de plus charmant et de plus digne de respect que cette confiance et cette candeur, aussi, plaignez votre vieille amie de l'obligation où elle se croit de venir jeter dans votre âme la première note de méfiance, de doute.

Hélas ! dans ce pays de féerie où vous allez vous engager avec tant d'illusions, les routes ne sont pas sûres... Songez-y, les gens du monde se réunissent pour s'amuser. Ils ont autre part leurs intérêts de cœur, de condition et d'existence, et n'apportent à ces réunions qu'un sentiment personnel d'égoïsme, que les meilleurs doublent de bienveillance. Ne comptez pas sur autre chose, mon enfant, et faites comme les meilleurs.

Il n'y a que les parents, il n'y a que les amis pour aimer sans retour égoïste ; ne demandez donc pas à ces réunions ce qu'elles ne peuvent vous donner, les jouissances intimes du cœur.

Peut-être de cette première fête sortirez-vous enivrée, peut-être aussi éprouverez-vous quelque déception. Souvent de petits déboires se mêlent au plaisir.

Etant jeune fille, j'ai assisté à de rares réunions ; toujours, à la fin, une impression de mélancolie, de tristesse sans cause me tombait sur le cœur, et je ne sais quel sentiment très vif du néant des choses m'envahissait.

Je connais des plaisirs qui ne produisent pas ce résultat, ce sont ceux qui se passent en famille ou au sein de l'amitié. Peu de faste, mais l'entrain et l'abandon que provoque une réunion dont les membres sont unis par les liens de l'affection. Ma chère Rose, au nombre de ces vrais plaisirs, je placerai celui que l'on éprouve à la lecture d'un beau livre qui hâte noblement les pulsations du cœur ; à l'audition d'une œuvre musicale d'un sentiment élevé ; à la vue d'un tableau qui fait penser; et par dessus tout les exquises douceurs de l'amitié.

Voilà les vrais plaisirs, mon enfant; vous serez digne de les comprendre, de les goûter, quand le décor mondain aura perdu pour vous de son prestige; lorsque votre regard plus pénétrant aura découvert le revers des choses, et que la clairvoyance de la véritable joie vous sera révélée. Certes, vous irez encore dans le monde, mais alors, l'enthousiasme et l'illusion d'autrefois auront fait place au paisible sentiment de cette bienveillance que nous nous devons les uns aux autres; et vous garderez toutes les délicatesses de votre cœur, tous les charmes de votre esprit, toutes vos qualités aimantes, surtout, pour qui y a droit et pour qui le mérite.

LETTRE XVIII

Ma chère Sophie,

Ainsi vous voilà installés dans la petite ville de L... dont votre mari est nommé receveur. L'endroit vous plaît; joli pays, avec une rivière poissonneuse, sur les bords de laquelle M. Varin pourra exercer ses talents de pêcheur; vous avez trouvé une maison convenable avec jardin. Les habitants se montrent accueillants; tout va donc bien de ce côté, mais il y a un point noir qui vous rend soucieuse : les appointements de votre mari sont fort modestes, le revenu de votre dot des plus minces, et pourtant, me dites-vous, il faudra frayer avec le notaire, le médecin et les fonctionaires de l'endroit.

Ce qu'il faut avant tout, ma chère fille, c'est équilibrer votre budget de manière à ne pas faire souffrir votre mari, vos enfants et vous-même dans les besoins de première nécessité. Je connais des gens qui portent des vêtements recherchés et se privent à la maison d'une nourriture substantielle. Paraître semble le seul souci de certaines femmes et même de certaines mères de famille. Si, parfois, il est noble de jeter un voile sur les privations que l'on endure, il ne l'est jamais de les faire naître sans nécessité.

Je le sais, vous êtes adroite et industrieuse ; ces qualités vous aideront puissamment à vous tirer avec avantage des embarras pécuniaires. L'étoffe la plus simple, bien ajustée, garnie sans frais bien qu'avec élégance, habillera souvent beaucoup mieux qu'une étoffe chère et brillante. Je ne crois pas que l'habitude de la simplicité ait jamais donné de regrets, au contraire ; dans tous les cas, il est de votre devoir de la mettre en pratique. Serait-ce pour le public que vous vous imposeriez des sacrifiices à l'intérieur et que vous en imposeriez aux vôtres ? Quel motif futile ! Puis, croyez-moi, la galerie elle-même vous louera de cette sagesse ; elle se trompe rarement sur l'état de gêne d'un jeune ménage, et souvent devient impitoyable pour les têtes folles qui ne savent pas résister aux tentations du luxe et de la mode. Sous un autre rapport, n'avez-vous pas entendu cette phrase plus d'une fois : « Voyez Madame une telle, avec un rien elle s'habille, et fort bien : et ses enfants, ne sont-ils pas charmants avec leurs vêtements de toile? » Lorsqu'on s'engage dans la voie périlleuse des dépenses dépassant les ressources, en faussant leur emploi, l'arrêt devient bientôt impossible ; c'est la gêne avec ses sacrifices, ses préoccupations ; parfois, plus tard, la misère en habit noir, comme on dit : la plus triste de toutes ; laquelle conduit à la pratique des expédients et à l'insolvabilité.

Croyez-moi, ma chère Sophie, dès le commencement de votre séjour à L... prenez position sur le terrain de la simplicité, dans votre toilette, dans celle de vos enfants et dans votre ameublement. Laissez aux natures frivoles les petites jouissances mondaines, les belles robes et le reste du même genre, ainsi votre caractère s'accentuera dans le vrai et le raisonnable, et autour de vous l'estime croîtra. De plus, en constatant l'aisance relative de votre intérieur, qu'ainsi vous aurez sauvegardée, vous vous sentirez récompensée au centuple de vos petits sacrifices de vanité.

Lorsqu'on s'appelle Sophie, ma chère fille, la sagesse doit présider à tous nos actes, et rien n'est plus sage que la prévoyance et la modération.

Un autre très grand avantage de cette simplicité, sera d'y habituer vos enfants, en y ajoutant l'inappréciable avantage de savoir supporter de bonne heure les petites piqûres de l'amour-propre, sans en être ébranlé. A cette école, le jugement se forme, le caractère prend de la force et de la noblesse. Ne croyez pas que ce soient des mots trop forts pour caractériser le travail qui s'opèrera dans ces jeunes âmes, travail dont dépendra l'attitude de la vie entière, car, en fait d'éducation, rien ne vaut l'exemple et l'exercice, dès l'enfance, des bonnes habitudes ; il n'en est point de meilleure que l'indépendance pour le bien. Plus tard, lorsque les tentations mondaines viendront les assaillir, vos enfants trouveront en eux-mêmes une volonté déjà éprouvée, et dès lors plus facilement vaillante.

Un travers contre lequel je voudrais vous prémunir, ma chère Sophie, c'est le faux luxe ; ne cherchez jamais à donner le change ; à part que cette prétention est de mauvais goût, elle n'obtient que de vulgaires résultats.

Un luxe à la portée de tout le monde, c'est la propreté et l'ordre. Sous ce rapport, chaque ménagère peut s'en donner à cœur-joie. Cependant, il ne faut pas qu'un salon, si simple qu'il soit, ressemble à un parloir de couvent, je vous engage à vous servir comme ornementation d'un luxe peu coûteux : la verdure et les fleurs. J'ai vu des appartements décorés de bruyères légères cueillies dans les bois, d'herbes grêles aux couleurs variées, qui, dès l'entrée, ravissaient le regard. Ce qui, plus que la richesse, est indispensable à une maîtresse de maison pour l'arrangement intérieur, c'est le goût servi par d'adroites mains.

Voulez-vous que votre petit salon semble hospitalier aux personnes qui viendront y causer? Habitez-le vous-même chaque soir à l'heure de la réunion. Vous y laisserez quelque chose de vos habitudes à tous ; un parfum de vie familiale que vos visiteurs respireront avec satisfaction, sans se rendre compte peut-être d'où il provient. Je ne trouve rien de sibérien comme ces salons dont toute vie est absente, que l'on ouvre au moment des visites, où l'on allume le feu à la hâte. Entre ces quatre murs froids, serait-il possible de prononcer autre chose que des paroles banales et insignifiantes? Un appartement gai, une maîtresse du logis gracieuse, voilà qui attirera et retiendra chez vous les visiteurs aimables, et rendra votre mari fier de sa petite femme.

La même recommandation pour vos modestes réceptions. Vous me parlez de deux dîners et de quelques petites sauteries sans prétention. Souvenez-vous qu'il est de bon goût de ne pas tomber dans ce travers trop commun : vouloir mieux faire que les autres. N'employez pas de mets recherchés et coûteux, mais veillez que ceux que vous servirez soient bien apprêtés et élégamment servis. Montrez le souci du confort de vos invités, de leurs préférences de voisinage, enfin qu'ils puissent constater le désir très hospitalier de leur être agréable, et votre réception sera trouvée charmante.

Tâchez d'y ajouter la liberté d'esprit nécessaire pour prendre part à la conversation, que, du reste, votre mari dirigera d'une manière brillante, je le sais. Il est pénible pour des convives de voir la maîtresse de maison absorbée par le souci du service et de la réussite des plats. Une fois à table, prenez votre parti des petites maladresses, des petits mécomptes, et conservez le sourire et le mot aimable pour chacun.

Les soirées sont plus faciles à réussir; quand la jeunesse danse, elle s'amuse; pour les personnes âgées, la table de whist ou la conversation au coin du feu rendent très facilement la soirée agréable.

Ainsi vous serez la gentille fée du foyer, en lui donnant à la fois le bienfait de la sécurité et les charmes de la grâce domestique.

LETTRE XIX

Ma chère Sylvie,

Votre lettre m'a fait grand plaisir, je constate, sans surprise du reste, que votre cœur a su, avec une délicate habileté, évoluer au milieu des difficultés d'une position qui ne laissait pas d'offrir plus d'un écueil. Grâce à Dieu, vous voilà posée dans votre nouvelle famille comme un membre respectueux, filial et fraternel. Déjà, vous sentez l'affection répondre à vos soins ; ce qui donne une grande douceur à vos efforts pour répandre le bien-être et la joie autour de vous. Plus vous irez, ma chère Sylvie, plus cette douceur vous pénètrera, vous rendra la vie facile et heureuse. « La récompense, me dites-vous, est bien au-dessus des petits sacrifices qu'imposent les obligations journalières à toute maîtresse de maison. »

La situation est donc de ce côté aussi satisfaisante que possible, mais... ce malheureux mais se trouve toujours dans la vie... bien que le cas qui le motive ici soit secondaire, il n'en formule pas moins de sérieux ennuis. Il s'agit des domestiques.

Grand-père a le sien qui le sert depuis cinquante ans. Dans la famille, Joseph est sacré, y toucher semblerait un sacrilège. Du reste, ce n'est pas lui qui met le trouble dans le ménage, mais il y a Véronique, une doyenne aussi, et le bras droit de grand'mère ; laquelle Véronique a toujours dirigé la cuisine et l'office haut la main, et n'entend pas que la nouvelle cuisinière, une péronnelle de trente ans, en remontre à ses soixante-dix. Ceci est plus grave et vous demandera pas mal de diplomatie. Il faut ajouter à ce personnel le jardinier et une femme de chambre, lesquels, tenus en lisière serrée par Véronique, ne seraient pas fâchés de prendre du champ. Concluons qu'en telle occurence, l'œil et la main d'un habile pilote sont nécessaires.

Nous allons chercher ensemble la marche à suivre.

D'abord, établissez nettement votre autorité. Lorsque Joseph et Véronique sont retenus avec leurs vieux maîtres, vous n'avez pas à vous en occuper, connaissant leur profond attachement et leur dévouement pour ces vénérés vieillards. Vous dites que la cuisinière est une bonne fille, alors parlez-lui à part. Dites-lui que Véronique a élevé votre mari, son frère et sa sœur, qu'ainsi elle a acquis des droits à l'affection et à la reconnaissance de tous les membres de la famille dont elle fait maintenant réellement partie ; qu'elle ne sortira de la maison que pour aller à sa dernière demeure ; alors que, si elle, Justine, désire rester avec vous, il faut qu'elle se montre patiente ; qu'elle sache supporter les observations et les rebuffades de la vieille bonne. Votre belle-sœur et vous-même, faites-le lui remarquer, avez souvent à excuser la rudesse de Véronique ; cependant, ni l'une ni l'autre, vous ne voudriez lui dire un seul mot qui pût la contrister.

Suggérez à Justine l'idée de demander de temps à autre un conseil à la vieille bonne ; ce sera le moyen d'apaiser cette dernière et de s'attirer ses bonnes grâces.

Si votre cuisinière est la bonne fille que vous

croyez, elle comprendra vos raisons, et malgré son légitime désir d'être libre dans sa cuisine, elle vous aidera dans votre dificile et pacifiante besogne.

Quant au jardinier et à la femme de chambre, après leur avoir dit à peu près la même chose, vous insisterez sur l'obligation qui incombe aux jeunes de céder aux anciens et d'y mettre la meilleure grâce possible.

Vous veillerez jusqu'au moment où les choses seront établies suivant votre désir.

Pour aider à vos efforts, grand'mère, me dites-vous, se propose de garder sa Véronique le plus possible près d'elle, en réclamant ses soins ou sa société.

Espérons que bientôt la paix, et non une paix armée, s'établira dans la région des cuisines et ne viendra plus troubler la quiétude du salon.

Vous voulez que nous parlions de la conduite qu'en général il est bon de tenir avec les domestiques.

Je veux bien essayer, mais l'expérience seule peut donner une véritable sûreté de direction.

En premier lieu, il faut demander aux domestiques un travail raisonnable et les commander en termes précis, qu'ils sachent bien ce qu'ils ont à faire. S'ils sont plusieurs, l'ouvrage de chacun doit être nettement défini. En second lieu, donnez vos ordres avec politesse, sans hauteur; évitez autant que possible, en les reprenant, l'emportement et surtout le mot blessant. Il ne faut jamais s'écarter de cette manière d'agir : les domestiques, créés comme leurs maîtres à l'image de Dieu, sont leurs frères. Ne perdons pas de vue cette vérité. Si nous avons reçu une instruction et une éducation supérieures à la leur, c'est notre devoir de leur en faire sentir les bienfaisants résultats.

On doit les rétribuer suivant la justice et ne jamais leur faire atteindre le paiement.

Toutes les fois que vous le pourrez sans nuire à votre autorité, donnez-leur des marques de bonté et de sollicitude. Entre maîtres et domestiques, on tend de plus en plus à se considérer réciproquement comme des étrangers, pis parfois, des ennemis ; c'est un fâcheux résultat du dualisme et de l'indifférence modernes, et pourtant on n'a jamais tant parlé de philanthropie.

Pour nous autres chrétiens, le devoir est autrement strict et étendu ; ce n'est pas seulement la solidarité de l'espèce, mais la fraternité en œuvres d'amour de tous les enfants d'un même père, revêtus des mêmes droits à l'immortel héritage.

Traitez donc vos domestiques avec bonté et veillez à leurs besoins. Faites-leur même, d'une manière relativement raisonnable, partager votre confort. Malades, soignez-les ou faites les soigner sous votre surveillance. Ce sont d'humbles et temporaires membres du foyer domestique dont il ne faut pas se désintéresser.

Sous un autre rapport, ayez le courage de les reprendre, de leur dire leurs vérités ; et sans les

tenir à une trop grande distance, évitez la familiarité. En tout, il y a une mesure dont le tact seul
donne la clef.

Ce surtout à quoi nous nous sommes stricte-
tement obligés, c'est au bon exemple. Notre maison doit être de celles dont on peut dire en toute
vérité : « Une excellente maison pour les jeunes
gens, on les traite avec bonté et l'on veille sur
leurs mœurs. »

Je suis persuadée, ma chère Sylvie, que vous
arriverez à établir la paix et les bons rapports à
l'office, tout comme vous avez su sauvegarder le
bonheur et les tendres affections au foyer domestique.

En toute occasion, il s'agit de vouloir avec son
cœur, de chercher les moyens d'action avec son
esprit, et de mettre en œuvre une volonté droite
et ferme. Alors, le succès n'est pas douteux.

LETTRE XVI

Ma chère Félicie,

C'est une question complexe et difficile, s'il
en fût, à élucider, que celle sur laquelle vous m'interrogez aujourd'hui. L'aide aux pauvres sous
toutes les formes, est une question sans cesse à
l'ordre du jour. Certes, c'est un commandement
strict de s'aider les uns aux autres ; ceci est indis-

cutable, mais l'embarras se trouve dans la manière de l'accomplir.

Peut-être serait-il bon de dire quelques mots des caractères qui doivent distinguer la charité. Saint Paul en a fait un admirable tableau ; pour moi je veux indiquer seulement ici les qualités les plus nécessaires pour arriver au but qui nous occupe en ce moment.

D'abord, un mot sur vous.

Je trouve, ma chère Félicie, que votre situation vous rend, plus que beaucoup d'autres, apte à vous occuper des pauvres. Célibataire, indépendante et jouissant d'un important revenu personnel, vous avez de plus la santé, le courage, l'habileté et beaucoup d'influence sur la petite ville de N... dont vous faites les délices par votre esprit et votre bonne humeur.

Il faudra ajouter à ces précieuses qualités une indulgence trempée de divine charité, vous verrez tant de si grossiers défauts, tant de vices même... Vous éprouverez de si nombreux déboires ! car à chaque instant, une déception viendra couper l'aile à votre ardeur et le découragement vous guettera dans l'ombre. La plus grande partie de vos soins semblera perdue ; ce que vous aurez cru sauvé, sera de nouveau mis en péril. Trompée souvent, vous verrez vos secours gaspillés, parfois employés à un mauvais usage. L'ingratitude viendra elle aussi blesser votre cœur. Du reste, il ne faut jamais exiger de reconnaissance, nos dons doivent être complètement gratuits ; parfois cependant, vous recueillerez une consolation, l'une de vos espérances fleurira, mais ces cas seront rares.

Il faut, ma chère fille, vous bronzer à l'avance sur les résultats apparents de vos efforts, tout en conservant le courage de l'action. Appuyez-vous sur Dieu, semez sans regarder si le grain lève derrière vous. Malgré ce tableau peu encourageant, soyez persuadée que rien ne se perd, même humainement parlant, du bien accompli, l'expérience est venue pour moi corroborer cette conviction.

Vous voilà donc forte de l'aide de Dieu, animée d'un amour puissant et doux pour l'humanité souffrante, éprise de tout bien à faire et armée contre les déceptions ; il s'agit maintenant de la manière d'entamer l'action.

D'abord, ce seront les sociétés de secours sous tous les noms, sous toutes les formes, qui présenteront leurs bourses à votre générosité. Ces sociétés font-elles tout le bien qu'elles pourraient faire ? je vous avoue que j'en doute quelquefois, cependant il est très sûr qu'elles en font ; vous êtes riche, donnez largement à celles de votre ville. Je désirerais même que vous fissiez partie de leurs comités. Votre énergie, doublée d'un esprit sagace au sens pratique, ne tarderait pas à exercer une heureuse influence en ces conseils.

A certaines époques vous aurez les ventes, les bals de charité ; ces moyens peuvent avoir du bon, ils font aller le commerce, dit-on ; malgré cela, je leur préfère la charité pure et simple.

Ah ! si tous les bons cœurs pouvaient, ou voulaient, ou savaient exercer autour d'eux l'assistance fraternelle, combien de choses s'arrangeraient mieux ! Mais il y a tant d'obstacles... Cependant l'influence de chacun de nous rayonne avec plus ou moins d'étendue, il n'en est pas de si restreinte dans laquelle cette action ne puisse se faire sentir.

Les ouvriers, les gens de journée que nous employons, ont droit à notre particulière bienveillance, ainsi que les pauvres qui nous entourent.

Occupons-nous d'abord de la classe la plus respectable, la plus intéressante et la plus sympathique, je veux parler des petits employés, des ouvriers qui travaillent, s'aident, économisent, et malgré tout ont du mal à arriver. Ce sont ceux-là surtout qu'il faut aider, encourager avec toutes sortes de délicatesses, de bonnes paroles. En se sentant appuyés par votre sympathie, ils auront plus de courage pour lutter et plus de patience pour supporter les sacrifices. Attirez chez vous les enfants de ces braves gens, occupez-vous-en sous le rapport moral, pour leur faire du bien dans le présent et surtout dans l'avenir ; ce sera votre grande force, non-seulement sur ces jeunes enfants, mais sur le cœur des parents, et si vous êtes indulgente pour les défauts de caractère et le manque d'éducation, vous recueillerez de doux fruits de leur gratitude. N'exigez rien, on vous donnera.

Hélas ! chez les trop nombreux ouvriers qui vivent au jour le jour, où le mari va au cabaret, où la femme manque d'ordre et de savoir-faire, vous n'obtiendrez rien, ou peu de chose ; c'est le fonds qui fait défaut absolument. On dépensera aujourd'hui ce qui aurait pu alimenter la famille pendant trois jours ; le lendemain, on mangera du pain sec si l'on en a. C'est pitoyable, mais cela existe. La plupart du temps vous n'y pourrez rien. Réagir contre ses défauts, contre ses vices, est chose difficile pour ceux qui ne l'ont jamais fait. Cependant il ne faut pas perdre courage, et essayer quand même d'enseigner à la femme la science du ménage et d'exhorter le mari à la tempérance, bien que, je le crains fort, seule l'action sur les enfants puisse devenir efficace.

Il est dans chaque commune une femme dont la situation semble des plus modestes, et qui, cependant, occupe la plus haute des fonctions dans la société, celle qui consiste à enseigner et à élever la jeunesse. L'influence de l'institutrice et celle de l'instituteur sur les jeunes générations sont indiscutables. Si, comme vous le dites, la jeune institutrice communale de N... ne manque ni d'intelligence, ni de bonnes intentions, vous ferez bien de l'encourager par vos marques d'estime et de sympathie, et surtout par l'intérêt que vous porterez à ses enfants. A vous deux, vous pourrez accomplir un bien immense. La charité morale doit s'unir à la charité matérielle pour produire des effets durables. Si, en unissant vos deux influences, vous pouvez donner à vos jeunes filles l'amour du devoir et le sentiment de la véritable dignité de la vie, vous aurez fait la plus noble, comme la plus fructueuse des tâches.

En ce qui concerne les vieillards, les infirmes, les tout petits enfants, il faut user de patience et de douceur, en embellissant l'aumône d'aimables et consolantes paroles.

Ma chère Félicie, votre cœur est rempli des plus généreux sentiments pour les souffrants et les misérables, il vous inspirera cent fois mieux que toutes les apologies que je pourrais faire, et Dieu bénira votre œuvre.

LETTRE XXI

Ma chère Mathilde,

Vous avez eu joliment raison de préférer M. Rével aux beaux partis qu'on vous offrait en ville. Vous êtes née, vous avez été élevée au grand air, dans la liberté de là campagne ; vous en aimez les travaux et les plaisirs, donc un agriculteur vous convient parfaitement. Assez de gens vont sottement s'enfermer dans les murs resserrés d'une ville et y perdre les avantages physiques et moraux de la vie rurale.

Toutes mes félicitations. C'est aux propriétaires comme votre futur mari à donner l'exemple du retour vers cette mère nourrice qui offre à ses enfants, non-seulement le pain quotidien, mais encore la santé de l'âme et du corps.

Vous me demandez des conseils pour votre nouvelle position, chère fille ; lesquels vous donnerai-je ? Vous êtes résolue à accomplir vos nouveaux devoirs aussi bien que possible. En ce qui concerne ceux qui incombent à une maîtresse de maison, votre mère, autrement compétente que moi, vous a initiée à tous les rouages, petits et grands, d'une administration intérieure. C'est vous qui pourriez me donner des leçons sous ce rapport. Comme vous voyez, mon champ se retrécit.

Cependant, il est un point qui rentre dans mon domaine et sur lequel je veux attirer votre attention.

Dès l'enfance, on a reconnu en moi une protectrice déclarée des faibles. Déjà, la timidité faisait place à la vaillance lorsque l'indignation et la pitié m'agitaient. Ma première colère (six ans) fut provoquée par un charretier frappant impitoyablement ses chevaux, pour tirer sa voiture d'un mauvais pas où lui-même l'avait mise. Je me jetai sur lui, tout simplement. L'homme resta syncopé, le fouet en l'air. Mon action, entraînant la galerie, amena l'emploi de chevaux de renfort. Depuis, j'ai conservé ces sentiments, vous le savez du reste. Les vieillards, les petits enfants, les animaux, tous les faibles enfin, ont des droits particuliers à ma protection. J'ai rompu de nombreuses lances en faveur des derniers, sans m'effrayer des petites moqueries. Lorsque mes sentiments sont en jeu, je deviens invulnérable aux piqûres. Je ne me jette plus sur les cochers, mais lorsque l'occasion se présente, je n'omets jamais d'intervenir.

Vous allez, ma chère Mathilde, vous trouver à la tête des nombreuses occupations intérieures que nécessite une grande propriété ; les obligations du commerce appelleront souvent votre mari au dehors ; alors, malgré ses prompts retours et l'organisation bien entendue, une grande partie de la surveillance des domestiques retombera sur vous. Vous devez l'exercer sur le point que je vous signale, comme sur tous les autres, en toute justice et humanité.

Je connais la droiture de votre jugement et la bonté de votre cœur ; de votre conduite personnelle, je n'ai cure, mais cela ne suffit pas ; il faut, par votre influence, par votre autorité, que ces principes soient, sous votre toit, la ligne de conduite générale.

Dans une ferme, les animaux domestiques se divisent en plusieurs catégories : d'abord, ceux qu'on élève pour l'alimentation, comme les vaches, les bœufs et la volaille ; puis ceux qui travaillent : les chevaux et les ânes ; et enfin ceux qui, comme le chien et le chat, rendent des services inhérents à leur nature.

Les bêtes élevées pour l'alimentation échappent ordinairement aux mauvais traitements, et l'intérêt de l'éleveur exige qu'elles soient bien soignées ; cependant il faut veiller encore sur les gardiens et les conducteurs. Vous imposerez dans votre maison le plus d'humanité possible aux sacrifices nécessaires à la vie, et jamais vous ne permettrez aucune cruauté sous prétexte d'amélioration.

Quel discours ne pourrait-on pas faire sur les animaux de travail de nos contrées : le cheval et l'âne ! Certes, il y a des propriétaires, des cochers, des charretiers même, qui sont justes avec ces braves animaux, mais combien d'autres sont tout le contraire ! Combien leur font porter des fardeaux trop lourds, ou les excèdent d'un travail sans relâche ? Injuste cruauté, contre laquelle on ne peut trop s'élever. « Tu ne feras travailler ni ton bœuf, ni ton âne, le jour du Sabbat », dit le commandement du Seigneur, et bien que non énoncé en ces termes dans la Loi nouvelle, il n'en subsiste pas moins, Dieu ne l'a pas abrogé. D'autres, tout en les faisant travailler, ne leur donnent pas une nourriture suffisante. Injustice et inhumanité toujours. D'autres enfin, n'obéissant à aucune règle dans leur conduite à l'égard de ces animaux, les frappent suivant leur caprice. Sont-ils de mauvaise humeur ? c'est le cheval qui le supporte. Se sont-ils mis en mauvaise situation par leur manque de prévoyance ou d'habileté ? il faut que la pauvre bête les en tire, coûte que coûte. S'arrêtent-ils au cabaret ? il faut que les chevaux poussés outre mesure rattrapent le temps perdu. Injustice dont le paiement se fera. Parmi les propriétaires, les jeunes surtout, c'est la vanterie, l'excitation alcoolique parfois, qui leur fait rendre fourbue une jeune et bonne bête.

Lorsque le cheval, lorsque l'âne devenus vieux, se sont épuisés à votre service, il se trouve des maîtres assez inhumains pour les vendre au prix de la plus modique somme, à des brutes qui les achèvent sous le fouet. Faire abattre l'animal qu'on ne peut conserver, c'est agir avec justice et humanité. Le cheval est l'ami de l'homme, dit Buffon, mais l'homme, parfois, au lieu d'être l'ami de cette noble bête, n'est qu'un cruel despote.

Parlons des chiens maintenant. Vous en aurez trois, me dites-vous. Voilà encore un brave animal qui vous comprend, vous aime, recherche vos caresses, jouit des succès de son maître à la chasse, sait combattre pour lui à l'occasion. A ce chien fidèle, on doit non seulement la nourriture et les bons traitements, mais encore l'amitié. Une bonne caresse aussi de temps en temps au chien de garde ; ne la mérite-t-il pas bien ? n'est-il pas la la sentinelle qui veille au salut de tous ?

On apprécie généralement les qualités du chien, celles du chat sont plus discutées, cependant nul toit ne peut s'en passer. Votre prévoyance doit également s'étendre sur ces commensaux d'un autre genre. Vous devez veiller qu'ils aient régulièrement la nourriture qui leur est nécessaire et ceci à part tout goût particulier.

Le chat a de nombreux détracteurs, d'un autre côté, il est le favori d'une quantité de foyers. Ses défauts et ses qualités expliquent ce double point de vue. Le chat, créé pour la chasse, est patient et féroce, adroit et égoïste, mais par contre, joli, gracieux, propre, coquet, s'attachant à sa demeure, même un peu aux gens, quoiqu'on en dise ; et son ronron fait si bon effet au coin du feu ! Dans tous les cas, c'est pour son aptitude à la chasse de la vermine qu'il est placé au rang des animaux domestiques ; alors, on lui doit, comme aux autres serviteurs, la protection et la nourriture journalière. Dans la saison des petits lapins, on retient les chats chasseurs à l'aide d'une chaîne légère, ils s'y font, ainsi qu'à leur logette.

Enfin, ma chère Mathilde, vous ne permettrez pas, en votre domaine, de tirer sur les petits oiseaux qui égaient les buissons et enchantent votre demeure par leurs doux gazouillements.

Vous deviendrez ainsi la reine d'un florissant petit empire. Vous pourrez dire en toute vérité : « Chaque être est heureux sous ma loi. »

Vous êtes chrétienne, ma chère, souvenez-vous que si Dieu a pris soin, dans le Décalogue, de recommander le repos hebdomadaire pour le bœuf et l'âne, dans la loi nouvelle, il a fait plus encore : il a voulu associer ces animaux au mystère de la naissance de son fils. Celui dont chaque parole est une leçon, n'a rien fait en vain ; s'il a rapproché de lui ces humbles créatures entraînées dans la douleur à la suite de notre chute, c'est que le protecteur de toute faiblesse veut nous donner à la fois une leçon et un exemple.

LETTRE XXI

Ma chère Simonne,

Savez-vous quel nom votre lettre a rappelé à ma mémoire ? celui de Mlle Fédérica Bremer, l'original auteur des *Voisins*. Avec quelle plume preste et trempée de malice vous accommodez les vôtres à une sauce piquante, petite Parisienne que les mœurs d'un bourg de province étonnent, amusent et agacent au dernier point !

Je trouve que votre verve, plus caustique que celle de mon aimable Suédoise, pousse jusqu'à la caricature la peinture des personnalités de ces braves gens ; depuis l'infatigable tricoteuse que l'on ne surprend jamais les aiguilles au repos, jusqu'à la conseillère de ménage, laquelle a des recettes pour toutes les maladies aussi bien que pour les fabrications domestiques, tous vos types sont franchement ridicules ; et vous concluez ainsi : « Je ne comprends pas que ma belle-mère, intelligente comme elle l'est, tienne à s'entourer de ces vieilleries sans la moindre originalité ; du reste, les jeunes ne sont guère plus séduisantes avec leurs toilettes prétentieuses et leur bavardage incessant sur les commérages de la localité. C'est une atmosphère à périr d'ennui ; mon esprit finira par s'y pétrifier d'inertie et de marasme. »

Que non, il s'y portera fort bien, et votre santé aussi. Je connais Cernay et ses habitants... Vous ouvrez de grands yeux ? Mais oui, j'ai passé dans ce petit endroit des mois entiers chez une bonne vieille tante, — que vous auriez sûrement numérotée dans votre galerie — dont j'ai conservé le plus tendre souvenir. C'est là que j'ai vu, que j'ai apprécié votre belle-mère, dont le jugement et le caractère sont au niveau de l'intelligence ; si elle juge dignes de sa société, de son amitié et de votre respect, les personnes dont vous me parlez, c'est qu'elles le sont réellement. Du reste, certains noms ne me sont pas inconnus, bien que de nombreuses années se soient écoulées depuis mes séjours à Cernay. Vous êtes jeune, Simonne, un peu étourdie, un peu moqueuse, mais bonne enfant au fond, la réflexion vous fera regretter la promptitude de vos jugements.

Emile Souvestre a dit quelque part : « Toute âme humaine renferme un filon d'or plus ou moins pur, il s'agit seulement de le découvrir. » Cette tâche incombe aux parfaits, direz-vous avec

la moue que je vois d'ici ; ma chère enfant, cette
tâche incombe à tous, à vous comme à moi, car
elle ressort d'une justice stricte et indispensable.
Je ne vous ferai pas l'injure de vous expliquer
cette obligation, je préfère revenir, en votre
compagnie, à la galerie des personnalités sur
lesquelles j'ai moi-même quelques données premières. Mme Lambert a perdu non seulement son
mari, mais encore un fils de vingt ans et une fille
de seize. Ses pauvres yeux se sont fatigués dans
les larmes ; elle ne peut plus coudre, mais elle
tricote ; grâce à elle, les petits enfants pauvres
du bourg et les vieillards ont chaud aux pieds
l'hiver. Allons, Simonne, je me trompe fort, ou
maintenant vous vous empresserez de ramasser les
mailles qui trop souvent s'échappent de ses doigts,
et de lui procurer la meilleure place à la lumière.
La vieille demoiselle Ramel, la conseillère de
ménage, comme vous dites avec raison, a soigné
pendant quinze à vingt ans une mère paralysée et
un père aveugle. C'est en cherchant à soulager
leurs maux, qu'elle a entassé recettes sur recettes ;
est-ce que cet amour filial ne vous semble pas touchant ? Tout le village profite de son dévouement
aux siens. Arrive-t-il un accident, un mal subit ?
« Vite, s'écrie-t-on, il faut aller chez Mlle Ramel. »
Ajoutez que, comme garde-malade, elle est incomparable. D'un autre côté, s'agit-il de composer un dîner pour des visiteurs de haute volée ?
on court la consulter sur le menu. Elle savait si

bien préparer des mets délicats pour ses chers malades ! Vous irez comme les autres, Simonne, à quelque jour... je vous recommande ses plats sucrés. Je connais moins les autres personnes dont vous me parlez avec quelque impertinence, convenez-en, mais je suis persuadée que chacune de ces individualités renferme le filon dont parle Souvestre ; si vous le voulez, vous le découvrirez sans nul doute.

Tout ce qui nous entoure a droit à notre bienveillance, ma chère enfant. En vous mariant et en acceptant de vivre sous le toit de votre belle-mère, du même coup vous avez accepté ses relations ; ce serait mal à vous, jeune femme de vingt ans, de mettre le trouble dans ce paisible intérieur. Vous devez au contraire concourir à l'embellir en y apportant votre bonne humeur et votre grâce de Parisienne. L'amabilité envers les vieilles amies de votre belle-mère, sera l'un des plus sûrs moyens de gagner l'estime et l'affection de cette dernière.

Il est un sentiment, vrai titre de noblesse d'une nation, qui semble s'affaiblir de plus en plus chez les jeunes gens : c'est le respect de la vieillesse, de la pauvreté et de la faiblesse ; toutes choses sacrées pour les bons cœurs. Y a t-il rien de plus respectable que la vieillesse lorsqu'elle se respecte elle-même ? Ce vieillard, cette vieille femme n'ont ils pas traversé les épreuves de la vie ? n'ont-ils pas souffert, aimé, travaillé ? et n'est-ce pas vous, jeune étourdie, qui recueillez les fruits de leurs labeurs, de leurs fatigues, de leurs conceptions intellectuelles? En Chine, on a fait une religion du souvenir des ancêtres ; en France, nous ne demandons que le respect. On s'honore en honorant les vieillards. Lorsque la faiblesse, résultat de forces usées au service de la famille et de la société, s'unit à l'âge, c'est une raison de plus pour entourer ces retraités de la vie de prévenances et de bons procédés.

Ont-ils des manies? quoi d'étonnant, les jeunes en ont bien ; les leurs, en général, sont douces, gardez-vous d'en plaisanter et d'en rire sans bienveillance. Est-ce à vous, qui, jusqu'ici, n'avez fait que recevoir, de critiquer les vétérans? Parfois la pauvreté unit sa troisième couronne à celles de la vieillesse et de la faiblesse ; la jeunesse digne de ce nom qui évoque l'idée de générosité, doit imprégner son respect de plus de délicatesse encore.

Ma chère Simonne, je suis persuadée que les réflexions de mon amitié vont être accueillies par vous, vous serez prévenante et aimable avec les vieilles amies de la maison, alors, vous vous en ferez chérir : la jeunesse possède un charme irrésistible. Croyez-moi, faites-les parler de leur jeune temps, comme on dit, les vieillards aiment à raconter ; plus d'une fois, vous entendrez des choses intéressantes qui ne seront pas sans profit pour vous-même ; et parfois, dans cette âme entr'ouverte sous le souffle du souvenir, vous apercevrez des trésors qui vous rendront facile, non seulement le respect, mais encore l'admiration.

Rien n'est charmant comme un jeune homme, comme une jeune fille remplis de sollicitude pour les vieillards et les entourant d'une respectueuse affection. Songez que bientôt ils verront la face de Dieu même.

En général, à propos de ceux qui vous entourent, suspendez votre jugement, et ne jugez pas sur des apparences souvent trompeuses, surtout lorsqu'elles se composent de puérils détails d'extérieur ou d'innocentes manies. D'ailleurs, vous avez des devoirs à remplir envers vos voisins; le devoir se glisse partout, aussi bien dans les relations sociales que dans celles de la famille.

Je ne sais dans quelle bourgade, le jour de Pâques, deux enfants portent une part de gâteau dans chaque demeure en disant : « Christ est ressuscité ! paix et bon voisinage ! » Et chacun de répondre : « Amen. » Coutume touchante que je voudrais voir établie partout.

Ma chère Simonne, je fais des vœux pour que votre arrivée à Cernay soit une bénédiction pour tous ceux qui vous entourent, afin que vous ne vous contentiez pas d'apporter à l'époux bien-aimé, à la mère vénérée, tout ce que votre cœur renferme de dévouement et de tendresse, mais encore pour que la douce chaleur de vos affections rayonne autour du foyer, vers ceux et celles qui composent le voisinage.

~~~~

Troisième Partie

LETTRE I

Mademoiselle,

« Le vin de la Jeunesse enivre », disaient les Anciens ; cette parole m'est venue aux lèvres en lisant votre lettre où éclate la joie de vivre et plus encore, peut-être, la fierté joyeuse d'une prise de possession émouvante : la liberté.

Vous venez d'atteindre vos vingt et un ans, votre tuteur a rendu ses comptes et vous êtes à la tête d'une belle fortune. De plus, une instruction à la fois solide et brillante, des talents, et je puis ajouter certains agréments naturels, complètent ces premiers avantages. Aussi, entrez-vous en champ clos par la porte dorée des songes. Jusqu'ici, vous avez refusé de nombreux partis, voulant choisir et vous décider dans la maturité d'une appréciation réfléchie.

Je l'ai lue et relue, cette lettre, ode enthousiaste dédiée à l'indépendance. Il y a, pour une âme arrivée aux régions sereines bien que mélancoliques du soir de la vie, un charme profond à retrouver l'exubérance juvénile, l'ardeur généreuse qui ne doute de rien ; à sentir enfin le par-
~~~~

fum de la fleur qui s'ouvre au soleil levant dans tout son charme de beauté et de grâce. Contempler la jeunesse, n'est-ce pas approcher une coupe fraîche de ses lèvres ? coupe pure, remplie des souvenirs d'autrefois, alors que les sentiers étaient si verts et les pieds si légers !

Soyez heureuse d'être jeune, Mademoiselle, la jeunesse est la véritable fête de la vie. Soyez fière de vivre, la vie est grande, car elle prépare l'immortalité. La jeunesse porte en elle une merveilleuse faculté de s'assimiler la joie. Sa vive imagination ressemble au prisme qui colore même les grisailles. L'illusion, hôte trompeur mais charmant, flotte sur chaque réalité, l'éclairant de sa poussière d'or, l'échauffant du souffle qu'elle lui emprunte et l'enlevant émerveillée sur les ailes du rêve.

La jeunesse renferme tant de puissance qu'elle communique au souvenir lui-même une véritable vie rétrospective, capable de soulever le fardeau des lourdes et besogneuses années qui l'ont suivie, en rappelant aux vieux cœurs l'inoubliable parfum des choses printanières.

Pourquoi faut-il que l'amitié qui m'unissait à votre mère m'invite à jeter ici une note grave, capable d'assombrir la brillante lueur d'une aube si réjouissante ? Le souci de votre avenir me sollicite, je dois répondre à son appel.

Votre amour de l'indépendance, Mademoiselle, s'unit à la fierté indomptée d'une volonté jeune, vibrante, qui aspire à l'action, se croyant capable de franchir tout obstacle, de gravir toute cîme. Il y a de la générosité dans cette disposition, cependant vous l'apprendrez plus tard, la véritable indépendance, le plus noble apanage de l'homme, ne nous est point donnée gratuitement, elle a ses bornes, ses sujétions et ses devoirs. Celle que glorifie votre jeunesse porte les ailes d'Icare, prenez garde aux chutes. Loin de moi l'idée de vous attrister de pensées moroses; au contraire, je vous dirai : conservez ce ferment généreux, mais disciplinez-le, lui donnant pour principe une volonté fortement ancrée dans l'esprit de justice.

Je suis persuadée que votre grand désir de liberté n'embrasse aucune des folles chimères de l'imagination, mais qu'il est plutôt le rêve d'un esprit vigoureux et sain, qui se promet une vie selon ses aptitudes et selon ses goûts. Vous dirai-je que ceci aussi est illusion pure ? Non. Je le reconnais, l'homme est le premier artisan de son bonheur ainsi que de sa fortune ; mais, permettez-moi de vous le rappeler, cette liberté dont vous sentez en vous l'aiguillon a besoin d'être affranchie et justifiée. Peu à peu, à l'aide de la maîtrise sur soi-même, on acquiert une qualité d'apparence secondaire, dont, cependant, l'influence sur la vie est prépondérante, je veux parler de la modération à laquelle Emile Souvestre voulait qu'on élevât des statues.

Moins on a de besoins en tous genres, plus on

est libre ; plus les désirs sont modérés, plus l'indépendance devient réelle.

C'est l'amour du luxe, ce sont les convoitises malsaines qui, du haut en bas de l'échelle sociale, forgent les chaînes de l'humanité et rendent tant de gens capables de lâcheté, d'erreurs et même de crimes. Commencez donc d'abord, Mademoiselle, par vous affranchir des mille causes inférieures qui nous gouvernent, et déjà vous aurez acquis les premiers droits à la liberté.

L'indépendance digne de ce nom, nous l'avons dit déjà, a pour point de départ, non seulement une volonté délivrée du joug des passions et des convoitises matérielles, mais encore pourvue d'un ancrage sûr dans l'esprit de justice. Ce dernier lui donne la fermeté dans la marche. Elle accepte les devoirs sociaux, met son esprit et sa puissance d'action au service de tout ce qui est noble, sait se défendre du parti-pris, et conserve la liberté du jugement, même lorsque son cœur est en jeu.

C'est cette indépendance que vous ambitionnez, Mademoiselle, je le sais, mais qui dit liberté, dit responsabilité.

Plus la première sera grande, plus la seconde s'accentuera.

Si, plus tard, les titres d'épouse et de mère secondés par la sûreté de vos principes et tant de qualités aimables, doivent vous assurer une légitime prépondérance, déjà celle-ci s'exerce dans un rayon moins étendu, mais tout aussi réel. Vous habitez votre beau domaine de Mesnival : domestiques, voisins, gens du village subissent nécessairement l'influence qui découle de votre situation dans ce délicieux petit coin de pays.

Des qualités ambiantes de l'esprit et du cœur il se dégage des souffles légers mais pénétrants, qui vont porter au loin les odeurs saines ou le poison de subtils et meurtriers arômes.

Rien n'est perdu dans l'atmosphère intellectuelle et morale pas plus que dans l'atmosphère physique. Si l'on comprenait mieux une vérité évidente pourtant, l'écrivain non dépourvu de sens moral écrirait-il le livre qui doit blesser mortellement peut-être plus d'une âme ? L'artiste composerait-il le tableau qui troublera des imaginations pures jusqu'alors ? Le riche dépenserait-il sa fortune d'une manière improductive ? L'homme d'intelligence, ses lumières et ses habiletés en vaines, sinon en tristes besognes ? Celui dont le cœur surabonde de puissance d'aimer, sacrifierait-il ce don magnifique à de tristes idoles ? Les responsabilités ! malheur à ceux qui s'efforcent de ne pas les comprendre, ou qui, les comprenant, ne veulent pas les accepter.

On fuit les miasmes pestilentiels qui s'élèvent de la terre, les foyers de corruption ; chaque jour, on purifie sa demeure et sa personne par des soins minutieux ; cela est bien, mais à purifier l'atmosphère morale, nul ne songe guère. Là, il est vrai, le nauséabond ne saute ni au regard, ni à l'odorat, mais l'empoisonnement n'en existe pas moins réellement.

Ainsi donc, responsabilité de la fortune, des facultés, du temps, des sentiments. De là à comprendre le devoir et à l'accomplir avec courage, il n'y a qu'un pas.

Le dirai-je ici ? l'absence d'une notion positive et pratique de la responsabilité personnelle est une des lacunes de notre caractère national. Grâce à son absence, nous nous servons souvent fort mal de notre liberté. Chez nous, on attend trop du gouvernement et de l'autorité en général ; à elle seule incombe l'intelligence, la prévoyance, la sauvegarde. Ne serait-il pas plus juste d'employer ces qualités soi-même, pour son propre compte, et mieux encore, de les consacrer au bien général ?

Sous ce rapport, l'Anglais et l'Américain nous sont infiniment supérieurs. Pourvu qu'on leur sauvegarde la liberté, ils s'arrangent du reste. Combien d'institutions sont dues, chez eux, à l'initiative personnelle ! Le commerce dans la métropole et aux colonies ne doit-il pas son succès à des associations privées ? Et les colonies elles-mêmes, qui les a conquises à la mère Patrie, si ce n'est l'influence des sociétés bibliques et l'action de hardis pionniers ? L'idée de patrie existe aussi bien chez ces peuples en temps de paix qu'en temps de guerre. Dans le dernier cas, nous autres Français, nous sommes capables de tous les sacrifices, mais dans le premier, une notion réelle et efficace du devoir civique nous manque.

C'est de bonne heure qu'il faudrait inspirer le sentiment de la responsabilité à nos enfants. Vous me parlez beaucoup de l'Amérique, Mademoiselle ! Dans ce pays, on ne fait ni théorie, ni grand enseignement moral, le plus souvent on laisse les enfants agir à leurs risques et périls. L'habitude de dépenser chaque jour une dose journalière d'initiative et d'énergie donne beaucoup de force, de ressort à la volonté. Entre les inconvénients de ce genre d'éducation, les principaux sont l'opiniâtreté, l'abus de la force, et une accentuation égoïste de la personnalité. Au Nouveau-Monde, ces inconvénients sont atténués par trois courants : le patriotisme pratique, le culte de la femme et la glorification du travail. De plus, les habitudes religieuses gouvernent en général cette démocratie.

Plusieurs de ces traits de la jeune Amérique nous manquent, aussi, tout en désirant emprunter aux habitudes de ce peuple ce qu'elles peuvent avoir de bienfaisant, je voudrais les greffer à la française.

Chez nous, ne semble-t-il pas qu'on ne puisse rien faire qui vaille sans changement radical ? C'est presque toujours le contraire qui existe. Les améliorations sagement conçues et à marche lente mais continue, sont celles qui seules peuvent affronter avec confiance l'action du temps.

Je sais que vous vous proposez un noble but,

mais en voyant votre jeunesse si ardente, si impatiente des obstacles, il m'a semblé que les avis d'une vieille amie ne seraient pas sans utilité ; je m'excuse de les avoir prodigués : mon âge est prolixe.

Encore un mot, et je termine cette longue épître.

Hélas ! Mademoiselle, notre liberté est toujours relative et fort restreinte. Nous dépendons de tant de puissances, même en laissant l'omnipotence de Dieu de côté, que cette belle indépendance, il ne faut pas la crier trop haut sur les toits, mais la sauvegarder modestement à force de sagesse et d'esprit de conduite.

LETTRE II

Ma chère Marguerite,

Bien que je connaisse depuis longtemps les tendances de votre esprit à la tristesse, votre lettre m'a péniblement affectée ; elle m'a serré le cœur.

« Un inexorable ennui, dit Bossuet, fait le fond de la vie de l'homme. » Inexorable, en effet, nous l'avons tous éprouvé. Qui n'a ressenti son atteinte, parfois au sein d'une vie heureuse ; souvent à l'heure du plaisir ?

Ce n'est pas dans les âmes les moins nobles que cet ennui tend à dégénérer en tristesse mal-

saine ; tristesse qui, n'étant pas vigoureuse-
ment combattue, provoque le dégoût de toute
chose, la faiblesse, parfois la lâcheté pour l'action.
Vous en êtes là, m'écrivez-vous... De plus, vous
endurez d'autres angoisses plus douloureuses
encore, l'idée de l'instabilité des choses et de leur
insuffisance pour le bonheur, vous monte au
cœur comme un vent de mort ; et le refuge sou-
verain lui-même se voile à vos yeux obscurcis par
une ombre funeste : le doute, l'horrible doute
vous torture.

Je souffre avec vous, et pour vous, ma chère
Marguerite. Je ne connais pas de douleur plus
cruelle, plus désastreuse dans ses résultats. Si
c'est une épreuve, croyez-moi, elle passera et
vous retrouverez la paix. Serait-ce une tentation?
ne perdez pas courage, et travaillez à la vaincre.

Vous avez, me dites-vous encore, goûté à toutes
les sources et n'avez pu vous désaltérer à aucune,
l'arrière-goût amer vous revenant toujours. Ainsi,
la jeunesse s'écoule, les fleurs d'espérance s'effeuillent au moment où elles devraient porter des
fruits.

« On ne peut frapper un peu fort sur le cœur
de l'homme, dit Lamartine, sans qu'il en sorte
des larmes, tant la nature est pleine, au fond, de
tristesse, et tant ce qui la remue en fait monter
de lie à nos lèvres et de nuages à nos yeux ! »

J'en conviens, mais ce désenchantement peut
devenir la tristesse criminelle dont parle l'Écri-

ture, et nous ne devons pas reculer devant un rude examen.

« Malheur à vous, dit un auteur dont j'ai oublié le nom, si la vie ne nous a pas appris à aimer nos semblables, à nous réjouir de leur bonheur, et à cueillir les joies comme les fleurs, là où Dieu les a mises. »

Cette pensée renferme le secret de la véritable et douce philosophie de la paix : sortir de soi-même et posséder la facilité à la joie.

Vous avez de belles, de riches facultés d'intelligence ; vous les avez employées à l'étude, et voilà que vous savez beaucoup de choses ; vous parlez plusieurs langues ; au besoin, vous pourriez disserter sur les sciences, la littérature et la philosophie ; et pourtant, bien que souvent intéressée par les recherches et les leçons, vous retombez bientôt dans la tristesse et l'inanité du savoir.

Vous dites alors : je vais changer de lieu, parcourir de nouvelles contrées, me récréer l'imagination par l'imprévu et le pittoresque. Ainsi ranimée par l'espoir, vous partez. En retrouvant sur la grande route l'excitation du désir, vous vous écriez : « J'ai découvert un attrait nouveau, lequel va raviver mes impressions en donnant à mon esprit une joyeuse activité. »

Quelques mois ne se sont pas écoulés depuis votre retour, que déjà vous retombez dans l'ennui et la faiblesse.

C'est qu'en effet, ce n'est pas autour de nous, mais en nous-mêmes, qu'il faut chercher la paix.

Vous êtes, je le sais, du nombre de ces esprits enclins à la mélancolie qui ont de rudes combats à soutenir ; mais, comme tous les enfants d'Adam, vous avez reçu une volonté capable d'agir et de lutter. Savez-vous d'où vient votre mal, ma chère Marguerite? De l'absence d'un véritable but. Vous étiez très jeune encore lorsque vos parents sont morts ; vos frères et vos sœurs sont dispersés au loin, alors votre activité s'est repliée sur elle-même. Vous avez, plus d'une fois, éprouvé des velléités de lui donner une impulsion généreuse, mais ce n'ont été que des velléités ; votre poursuite n'a pas été sérieuse ; au premier effort, à la première gêne, vous avez failli.

L'esprit d'indépendance, respectable dans un noble emploi, a été pour vous un tentateur, en vous absolvant de toute responsabilité à propos des autres. Les circonstances, votre caractère aidant, et avouons-le, l'égoïsme, à votre insu, s'est emparé de vous... et les fruits de l'égoïsme sont amers ; ils se sont mélangés à vos larmes et à vos tristesses.

Ce langage vous paraîtra dur sans doute, hélas ! il y a dans ces paroles un peu de notre histoire à tous ; c'est parce que j'ai expérimenté ces faiblesses que j'en connais le remède.

La souffrance, chère Marguerite, est un lot inhérent à l'humanité ; acceptons-la avec courage.

On parle beaucoup de la lutte pour la vie matérielle, moi, c'est de la lutte pour la vie de l'âme que je veux me préoccuper surtout.

Pour que cette dernière possède la santé, il lui faut l'action, tout comme au corps.

Voulez-vous en croire ma vieille expérience? saisissez toutes les occasions d'agir qui se présenteront dans votre rayon. Les facultés sans emploi retombent de tout leur poids sur ceux qui les possèdent; consacrez donc les vôtres, autant que possible, au service de tous.

Lorsque vous sentez la morsure de l'ennui, vite, avant que l'angoisse ait usé vos forces de résistance, essayez de l'action; soit une visite à quelque souffrant de l'âme ou du corps; ou bien, à un établissement public où vous laisserez une aumône. Si, chose rare, rien de cela n'est possible, allez chez des amis, chez des connaissances, ou faites une longue promenade dans la campagne, cela vous soulagera.

Un moyen encore qui réussit presque toujours, c'est l'accomplissement d'une chose qui coûte, dont on remet sans cesse l'exécution. Le ressort de la volonté qui tend à s'affaisser dans l'inaction, ne peut être remonté que par un courageux effort.

Si tous ces moyens, unis à ceux que votre initiative pourra vous suggérer, demeurent impuissants contre le marasme qui vous envahit, le meilleur de tous vous reste encore : la prière.

Ah ! voilà, prier ! vous m'attendiez là. « Comment, me direz-vous, prier, quand la foi n'échauffe pas le cœur ? Hélas ! depuis longtemps le doute m'oppresse et les cieux sont voilés à mon regard. »

Oui, j'en conviens, cet état est profondément douloureux, mais il n'est pas sans issue vers l'espoir.

L'homme s'élève au-dessus de la terre sur deux ailes, dit l'*Imitation* : la simplicité et la pureté. La simplicité doit être dans l'intention et la pureté dans l'affection.

Ne pouvez-vous essayer d'adapter ces deux ailes à votre âme endolorie ? Vous êtes sincère, tâchez d'être simple, d'imposer silence aux complexités de votre esprit qui souvent embrouillent les écheveaux ; ne pouvez-vous pas aussi travailler à purifier vos intentions des ferments de l'égoïsme et de l'orgueil ? Ah ! ma chère Marguerite, il dépend souvent de nous que nos ailes s'alourdissent et ne peuvent monter au-dessus des brumes de la terre. Alors, si la vision du divin nous échappe, quoi d'étonnant ? Et nous nous plaignons de souffrir, et nous disons que tout nous abandonne, parce que nous nous abandonnons nous-mêmes.

Vous écoutez la voix de ceux qui crient : « Ce siècle est vieux, il n'a plus ni foi, ni espérance, et marche aux abîmes. » Ce sont ces hérauts de malheur qui sont vieux eux-mêmes. Est-ce que la nature, au sortir de l'hiver, ne renouvelle pas chaque année sa merveilleuse jeunesse ? J'en ai la confiance, de même notre âme, au sortir des jours sombres, peut retrouver la vigueur et la joie, en puisant aux sources qui donnent la vie.

Écoutez encore votre poète aimé : « Les souffrances, dit Lamartine, sont les désirs du cœur de l'homme écrasés dans son cœur, jusqu'à ce qu'il en sorte la résignation, c'est-à-dire la prière parfaite : la volonté humaine pliée sous la main d'en haut. »

Je ne crois pas que le doute résiste longtemps à une prière ainsi préparée.

Vous souvenez-vous, Marguerite, qu'un jour, vous aviez dix-sept ans alors, vous m'arrivâtes la figure illuminée, en disant : « Oh ! Mademoiselle, j'ai senti Dieu ! » Et votre voix et votre attitude avaient ce je ne sais quoi de contenu et d'intense qui éloigne toute idée d'exaltation, mais une volonté divinement atteinte par une lumière et une force supérieures.

Je vous dis alors : « Aujourd'hui la foi éclate à vos yeux dans une lumière surnaturelle, gardez l'empreinte de la merveilleuse certitude de cette heure bénie, afin qu'elle puisse illuminer plus tard vos jours de ténèbre car il en viendra. » Vous le niiez à ce moment, pourtant ils sont venus plus sombres, plus désolés que jamais je n'eusse pu les prévoir.

Lequel d'entre nous, chrétiens, ne compte pas dans le passé son soir d'Emmaüs dont l'auréole, pensions-nous, ne devait jamais s'obscurcir ; mais la terre est un champ de lutte, tantôt illuminé, tantôt obscur ; si Dieu y projette parfois un rayon de Pathmos, c'est afin que nous puissions y rallumer le flambeau de notre foi chancelante.

Croyez-moi, ma chère Marguerite, *Sursum corda !* dès que nous cessons de regarder en haut, la nostalgie nous saisit par détresse angoissante du fini, et par le sentiment de l'insécurité de toutes choses ici-bas. *Sursum corda ! sursum corda !* là seulement se trouvent la paix, l'espérance et l'amour.

LETTRE III

Oui, ma chère Agnès, c'est une source pure et délicieuse, celle où vous puisez. La lecture de ces ouvrages bienfaisants, dans lesquels le style se trouve à la hauteur de la sublimité du sujet, provoque votre enthousiasme. « Ces livres de croyants dont la langue est si harmonieuse, font mes délices », écrivez-vous. Je vous en félicite. Vous avez raison de consacrer chaque jour quelques instants à ces lectures. Nous avons tous besoin d'un coin d'ouverture sur le ciel. Sans cela, la pesanteur de la vie, ses épreuves et ses difficultés, finiraient par fausser le ressort de la volonté d'une énervante tristesse. Ouvrez donc chaque soir la fenêtre sur l'au-delà, c'est le meilleur moyen d'éclairer les ombres de la journée, d'en soulever les inquiétudes et de s'endormir en paix.

La seconde partie de votre lettre ne répond guère à la première ; tout au contraire, on y respire la fatigue et l'ennui. Rien à l'intérieur ne va comme vous le voudriez : enfants, serviteurs, embarras journaliers, vous sont une charge qui dépasse vos forces, et vous vous écriez que vous n'étiez pas faite pour ces tracas vulgaires, mais bien pour la vie contemplative. Ma chère, celle-ci, ne vous y trompez pas, a bien ses écueils, ses périls secrets ; je dirai même que parfois ceux-ci dépassent les tourments de l'action. Cela vous étonne, vous croyez peut-être que dans la vie religieuse, il n'y a qu'à se laisser vivre ? Six mois de noviciat au Carmel vous détromperaient vite.

Il me serait difficile de relier le commencement à la fin de votre lettre, si je ne savais qu'à d'excellentes intentions, à de très réelles qualités, vous n'unissiez une certaine apathie, un sentiment très répulsif à l'action. Si Dieu a posé sur vos épaules le poids d'une maison assez lourde, j'en conviens, ne serait-ce pas qu'il a voulu vous forcer à réagir contre cette tendance de votre caractère? Alors, n'est-ce pas à vous d'entrer dans ses intentions, de les suivre ? N'avez-vous pas dit, plus d'une fois, que vous n'avez rien tant à cœur que de suivre l'impulsion divine ? Alors, il faut donner à vos paroles la sanction du fait. Cet enivrement du beau, du bien, que vous éprouvez au contact d'un esprit religieux et supérieur, ne serait-il qu'une impression de surface ?

Pardonnez à ma franchise, mais convenez que toute ouverture sur le ciel devrait nous fortifier pour le devoir journalier. Dans la vie spirituelle, en contradiction avec la fable de l'astronome, c'est en regardant en haut que nous apprenons à marcher sur la terre ; car, si nos cœurs sont bien disposés, nous devons rapporter de ces entretiens la lumière et la force.

Et pourtant, il me semble qu'en redescendant de ces hautes régions aux devoirs modestes qui s'imposent à votre action, vous éprouvez une espèce de dédain. Ah ! ma chère Agnès, prenez garde, l'esprit religieux ne réside pas dans l'émotion passagère que provoquent en nous l'audition de nobles pensées, la contemplation d'immortelles perspectives ; il existe surtout dans le sentiment profond de l'obligation d'accomplir tous nos devoirs. L'impression qui n'augmente pas l'ardeur pour la pratique du bien dans l'action journalière, n'est que mirage, illusion pure, dans laquelle l'imagination seule a été frappée.

Voulez-vous savoir si vous avez retiré un réel profit de la lecture qui vous a charmée ? Faites un petit examen de conscience. Au sortir de ce céleste entretien, vous êtes-vous montrée plus patiente avec les enfants et les domestiques, plus bienveillante avec tous ceux qui vous entourent ?

A quoi servirait de communiquer avec la

suprême bonté, si nous n'en rapportions pas un parfum au foyer domestique, et une force pour l'action dans le sens chrétien ?

Souvenez-vous de cette parole que nous devrions méditer chaque jour :

« Ceux qui disent : Seigneur ! Seigneur ! n'entreront point dans le royaume des Cieux, mais celui-là seulement qui fait la volonté de Dieu en accomplissant la loi. »

Quelle est la loi ?

« Tu aimeras le Seigneur ton Dieu de toute ton âme, et le prochain comme toi-même. »

Ce n'est pas d'un amour stérile, sans consistance, qu'il s'agit ici, mais bien d'un amour effectif, persévérant, imprégné de dévouement, prêt au sacrifice et fort contre la mort même.

L'avons-nous, lorsqu'au sortir d'un colloque avec Dieu, nous retombons dans nos ordinaires négligences familiales, nous impatientant contre les défauts de nos enfants, relevant impitoyablement les imperfections de ceux qui nous entourent, leurs innocentes manies ? L'avons-nous, lorsque nous rudoyons les domestiques sans sujet ? l'avons-nous, lorsque nous ne mettons aucune digue à nos propres défauts et à toutes les aspérités de notre caractère ?

Croyez-moi, ma chère Agnès, une pareille religion est illusion pure ; ne vous y trompez pas. La foi véritable est une sève généreuse qui parcourt nos pensées et nos actes pour les vivifier.

La religion, c'est le devoir de chaque jour accompli sous le regard et avec l'aide de Dieu. Le reste n'est qu'un manteau brillant qui couvre notre égoïste faiblesse, lequel ne trompera pas celui qui a dit :

« Je reconnaîtrai le bon arbre à ses fruits. »

LETTRE IV

Chère Mademoiselle,

Ainsi vous êtes rentrée sous le toit domestique, bel oiseau voyageur. Monsieur votre père désirait depuis longtemps votre retour, la mort de votre vieille bonne le rendait nécessaire ; vous avez accédé à son désir.

Votre cœur me semble partagé entre la joie de vous retrouver au berceau de votre enfance, près des vôtres, et le regret d'avoir quitté vos deux charmantes élèves et leur aimable famille. Le toit que vous habitiez depuis six ans était bien un peu le vôtre ; chacun vous le disait et vous finissiez par le croire. Cependant votre affection filiale a rendu cette séparation moins douloureuse et déjà vous reprenez forme dans le vêtement d'autrefois, bien que depuis votre prime jeunesse vous soyez déshabituée de la campagne.

Mais je veux vous laisser la parole.

« Ces jours d'automne, écrivez- vous, ont un

charme particulier et très pénétrant. Bien qu'aux Airelles, tout soit sacrifié à la culture, il s'y trouve encore de forts jolis endroits : un petit bois où l'on rencontre quelques beaux arbres, des chênes que le maître du logis conserve, pouvant, dit-il en souriant, se donner, à l'heure présente, le luxe des ombrages ; puis, vers un reste de friche, menacé chaque année de la houe et de la charrue, un superbe bouquet de sapins ; plus loin, une châtaigneraie. Et les jolis sentiers à travers les prés où pour une seconde fois pousse une herbe verte et drue. Mon père est très fier de sa prairie qui maintenant s'étend au loin ; sa richesse n'est-elle pas le résultat de ses efforts et de son labeur journalier, auquel, depuis deux ans, s'ajoute celui de mon frère Olivier ? Cette prairie, il en a conquis la plus grande partie sur des terrains non cultivés jusqu'alors, et les humbles ressources de notre famille augmentent chaque année, lentement mais sûrement. Cette vie au grand air est saine et provoque la bonne humeur ; depuis nombre d'années, je n'avais vu mon père si gai ; hier, il disait à Olivier : « Maintenant que nous avons une aimable ménagère, les Airelles vont devenir un Paradis terrestre. » Cette parole m'est arrivée au cœur comme une caresse. Ils sont heureux ! J'en bénis Dieu de tout mon cœur.

« Et moi, le suis-je ?

« Ma santé est parfaite, j'ai le meilleur appétit du monde, je dors mes sept heures sans désemparer ; lorsque je me promène dans les sentiers, sous les châtaigniers, à travers les bois, il me semble que j'éprouve une joie intense de vivre ; lorsque je rejoins à l'heure de la collation, ou en pleine action, mes chers travailleurs, je me sens fière de leur activité ; j'aime cette bonne terre qui accorde tant au courage et à la persévérance. Le soir, quand mon père se repose en lisant les feuilles publiques, que mon frère raccommode un filet de pêche, ou tout autre ustensile, que tous les deux me sourient avec amitié, je suis heureuse de mon retour au foyer et de la pensée que je leur suis utile à quelque chose.

« Ceci est bon, très bon, et pourtant, vous l'avouerai-je ? parfois, est-ce l'ennui, est-ce la mélancolie ? un je ne sais quoi de lourd et de très lassant m'oppresse... Hélas ! il me manque ce que j'avais à R..., des interlocuteurs intellectuels. Mon père a oublié ses auteurs ; mon frère ne demande pas mieux que d'en faire autant ; tous deux préfèrent causer des incidents de la journée et des nécessités agricoles que d'agiter les questions générales ou celles de la littérature moderne, pour laquelle, en général, mon père professe fort peu d'estime et de sympathie. On se couche de bonne heure aux Airelles, ces messieurs se levant à l'aube. Par ces belles soirées d'octobre où la nature nous donne de tièdes soirées, où la vue se repose avec délice sur le paysage aux tons variés, la solitude momentanée n'a rien de cruel ; mais l'hiver, quand la pluie fouettera les vitres, quand la neige couvrira la terre, (l'hiver est sévère et long dans notre Normandie) comment emploierai-je ces longues soirées qui étaient autrefois le meilleur temps de ma journée ? La pensée de toute privation d'échange d'idées, de causerie intellectuelle, est pour moi désolante. Le monologue n'est pas mon fait, et mon esprit sollicite avec ardeur une nourriture qui, je le crains bien, lui sera refusée, »

Chère Mademoiselle, je comprends vos regrets, je comprends vos craintes. Pour les esprits cultivés, la solitude de l'intelligence est une cruelle privation. Voulez-vous que nous cherchions ensemble le moyen de l'atténuer, en partie du moins ? D'abord, je ne renoncerois pas du tout à faire causer le père et le frère, qui sont intelligents et ont fait leurs études non sans succès ; il s'agirait de saisir les occasions favorables, sans insister, mais avec adresse. Dans ce but, il faudrait vous familiariser avec les classiques que de bonnes traductions mettent à notre portée. Je suis persuadée qu'un esprit élevé comme le vôtre trouverait un véritable charme dans cette étude, bien que vous vous proclamiez : une moderne. La littérature d'Athènes, celle de Rome fixeraient certaines de vos impressions et en modifieraient avantageusement d'autres. Il faut à toute sérieuse éducation intellectuelle l'assise antique. Alors, au lieu de vouloir attirer votre père sur votre terrain, à l'examen de nouveautés qui lui sont ou inconnues, ou antipathiques, c'est vous qui iriez sur le sien lui causer de ses auteurs favoris et de ses souvenirs de collège. Je me trompe fort si, par ce moyen, vous n'obteniez pas quelque succès.

Chère Mademoiselle, vous êtes saisie de tristesse à la pensée des longues soirées de l'hiver prochain, qui devront se prolonger dans votre chambre, car, dites-vous, je ne puis m'endormir à neuf heures du soir. Pendant ma longue carrière d'enseignement, savez-vous quelle était mon heure favorite? Celle où je reprenais possession de mon moi intime, où je commençais à converser avec mes amis les poètes, les philosophes, les romanciers? Eh bien, cette heure variait de dix heures jusqu'à onze, ou de onze à minuit. Autour de moi, maîtresses et élèves, tout dormait ; la maison était devenue aussi paisible qu'un couvent de méditatifs, j'avais préparé mon régal, soit quelques pages de Lacordaire ou d'un classique, soit la lecture d'un roman recommandé par une sérieuse apologie. Combien de fois lady Fullerton, Currer Bell, Octave Feuillet et tant d'autres ne m'ont-ils pas tenue éveillée ! Combien de fois mon cœur n'a-t-il pas accéléré ses battements aux nobles aspirations d'un Ozanam ou d'un Perreyve ! Je vous l'avouerai, Mademoiselle, la pluie avait beau fouetter les carreaux, ou la neige couvrir la terre, je trouvais cette heure-là délicieuse, et j'en faisais la récompense du labeur continu de la journée. Pourquoi n'en serait il pas ainsi pour vous? Pourquoi chaque soir n'auriez-vous pas, vous aussi, votre fête intime? Ne l'aurez-vous pas gagnée par l'étude journalière du bien-être de ceux qui vous entourent? Est-ce que le livre n'est pas un véritable interlocuteur, ne fait-il pas penser et ne répond-il pas à la plupart de nos questions?

Je veux maintenant céder la parole à lady Fullerton ; mieux que moi, elle saura vous convaincre et vous réjouir par la pensée d'un noble but.

« Une disposition marquée à l'ennui jointe à un désir d'excitation quelconque, tel est le malaise auquel certains esprits sont en proie, et je n'y connais qu'un seul remède, c'est-à-dire l'éducation de soi-même, non pour ce monde mais pour l'autre ; l'intelligence des choses de la vie ; la perfection conçue et poursuivie énergiquement ; le rêve du bonheur sur la terre mis de côté, et au même instant, ce bonheur recouvré dans ses points essentiels : le capital payé dans le monde futur et l'intérêt imprévu reçu chaque jour dans celui-ci ; voilà le grand œuvre dont Dieu lui-mêmes est l'auteur ; voilà le secret qui recouvre de son ombre tant de destinées sur lesquelles le monde s'appesantit sans arriver jamais à les comprendre. »

Est-ce que l'auteur de l'*Oiseau du bon Dieu* n'a pas bien défini votre cas, le nôtre pour un grand nombre? Est-il travail plus noble, plus fertile en résultats que celui que nous exerçons sur nous-mêmes ? L'excitation est naturelle à votre âge et demande une issue : si vous essayiez de noter chaque soir sur un cahier, secret confident de vos pensées, ce qui vous aurait agitée, ou simplement occupée durant le jour, il me semble que ce serait une occupation agréable en même temps qu'un jalonnement intellectuel sur la route de l'âme ; et ce confident ne deviendrait-il pas un interlocuteur toujours à votre portée ?

Mademoiselle, notre Père céleste sait ce qui nous convient, il prend souci de nos désirs, lorsque ceux-ci sont nobles et justes ; quelque jour l'amie, l'interlocutrice désirée apparaîtra à votre horizon ; comment ? je n'en sais rien, mais ceci arrivera, vos esprits se reconnaîtront, et alors votre foyer des Airelles deviendra aussi cher à votre intelligence qu'à votre cœur.

LETTRE V

Ma chère Christine.

Il émane de votre lettre un sentiment de tristesse si profond, que l'impression pénible m'en est restée très vive. Vous souffrez, ma chère enfant, et beaucoup ; c'est grande pitié d'entendre le cœur d'une vaillante comme vous, de l'une des

plus courageuses filles que je connaisse, exhaler
une plainte aussi amère.

« Dans la famille anglaise chez laquelle je suis
depuis un an, m'écrivez-vous, il n'existe nulles
sympathies en dehors d'elle-même ; je suis pour
chaque membre un rouage momentané dont on
se sert et qu'on rétribue à un prix élevé. Son
Honneur et Mylady seraient fort étonnés si je
leur disais avoir besoin d'une tout autre monnaie
que les banknotes. Comment donc ! je suis
logée, nourrie, servie, et je pourrais souhaiter
autre chose ?... Mes deux élèves, Mary, âgée
de quinze ans, et Nelly, âgée de treize, sont
taillées sur le même modèle que leurs parents ;
je leur donne six heures de leçon par jour :
français, littérature, histoire, musique et peinture ; j'ai mis tous mes petits talents et toute mon
ardeur à faire vibrer en elles l'amour de la beauté
en tous genres : beauté de la nature, beauté des
œuvres humaines, je n'ai pas senti le moindre
élan, ni le plus petit ébranlement de la fibre
admirative, et toujours, elles me quittent avec la
même correction froide, aussi indifférentes au
départ qu'à l'arrivée. En ce moment, nous ha-
bitons un délicieux pays dans le Cumberland,
le domaine s'appelle Thorrington-Castle. Un bel
horizon de collines, de limpides cours d'eau, une
vallée quadrillée de ces beaux arbres à verdure
sombre, qui veloutent les campagnes du nord de
l'Angleterre m'offrent de charmantes promenades ;

mais j'y suis solitaire, et les sentiers perdus, les collines nuageuses n'ont plus de charmes pour moi. Cependant j'étouffe moins ici que dans l'hôtel de Londres ; parfois, en promenant ma mélancolie, j'éprouve un peu de soulagement. Les premiers trois mois de mon arrivée ici, malgré la tristesse de la séparation, m'ont été moins pénibles ; j'arrivais l'âme toute chaude, tout imprégnée de l'affection de mes bien-aimés, le froid ne pouvait m'atteindre ; mais, peu à peu, je me suis sentie enveloppée d'une atmosphère de glace, comme si je marchais indéfiniment vers le pôle... Oh ! Mademoiselle, et se sentir le cœur si vivant ! Savez-vous qu'il y a des heures où je mendierais avec larmes l'aumône d'un peu de sympathie, même une simple marque de bienveillance ? Je ne suis pas une stoïque, moi, j'ai besoin qu'on me sourie et qu'on m'aime. Vous allez me trouver faible, lâche peut-être, mais songez-y, chère Mademoiselle, je ne puis écrire ces choses qu'à vous... si j'en disais un mot à ma sœur, vite elle s'écrierait : « Reviens, tu gagneras moins, mais tu seras plus heureuse. » Oui, elle dirait cela et le voudrait si bien qu'il faudrait lui obéir ; et notre chère vieille maman perdrait les petites douceurs qui lui sont si précieuses, et les autres subiraient plus d'une privation ; non, devant vous, devant vous seule, mon cœur peut se répandre. Ah ! j'ai grand besoin de songer à eux, allez! Dire qu'un an seul est écoulé sur les deux que je dois

passer sans vacance... ne serai-je point entièrement congelée à cette époque ? Qu'ils le savent
ceux qui n'ont pas quitté la famille : travailler
tout le jour, sans trève, au milieu d'une atmosphère d'affection, serait pour moi un paradis.

« Répondez-moi, je vous prie, chère Mademoiselle ; vous le savez maintenant, je suis chez des
étrangers, doublement étrangers. »

Votre plainte trouve un tendre écho dans mon
cœur, je voudrais vous enseigner des consolations,
mieux que cela, des moyens de réagir contre un
état d'âme si douloureux, mais j'hésite en chose
si délicate ; cependant, ce que je puis faire, c'est
répondre à votre désir en vous écrivant, non pas
seulement aujourd'hui, mais tous les quinze
jours ; il me sera très agréable de recevoir vos
lettres, ma chère Christine, et vous pourrez,
comme autrefois, vous appuyer sur le cœur de
votre vieille amie.

Hier, je suis allée voir votre mère et votre
sœur. Si vous pouviez contempler le tableau que
j'ai eu sous les yeux, vos peines vous paraîtraient
légères. Votre cher foyer a une apparence confortable et gaie qui fait plaisir à voir ; votre mère,
bien vêtue, bien portante, l'air aimable, enseignait
les mystères du tricot à votre filleule, laquelle
paraissait fort attentive. Je la félicitai sur sa bonne
mine : « Tout marche si bien maintenant, me
répondit-elle. — Grâce au dévoûment de Christine, l'aisance est revenue, » ajouta votre sœur ; et

je vis deux larmes perler sa paupière. Comme elle me reconduisait, je lui fis part de mon projet de vous écrire tous les quinze jours, pensant ainsi accomplir ma petite part pour adoucir votre exil. Ces mots ont paru lui donner à réfléchir. — « Peut-être devrais-je le faire moi-même plus souvent, murmura-t-elle, mais je suis très occupée et Christine est si indulgente pour les retards, lorsqu'ils ne peuvent l'inquiéter. — Sans doute, repris-je, votre sœur est généreuse, mais les lettres doivent tant lui faire plaisir ! » Elle me regarda, retint une question prête à sortir de ses lèvres, et dit de cette voix à la fois tranquille et ferme que vous connaissez : « Je lui écrirai toutes les semaines, et longuement. »

Autant de souffles venus de France, vous plaindrez-vous encore ?

La nature est une amie dont la caresse est de tous les pays, pourquoi refuseriez-vous de ressentir sa douce influence ? Il faut chasser courageusement cette tristesse malsaine à laquelle se mêle toujours un grain d'égoïsme, et vous livrer à l'apaisement que provoque la vue des bois et des champs. Parlez-moi du pays qui vous entoure, de vos promenades ; je prendrai un vif intérêt à vos descriptions, car vous savez si je suis une admiratrice passionnée du pittoresque.

Ma chère Christine, il est un sentiment qui, quelle que soit la position pénible où nous nous trouvions, doit nous fortifier et nous apporter la paix, c'est la pensée que nous accomplissons notre devoir ; et lorsqu'à cette conviction s'ajoute celle de contribuer puissamment au bonheur d'êtres chéris, il me semble qu'il doit se produire au cœur une dilatation capable de soulever les plus lourds fardeaux. Grâce à votre travail, disons le mot, à votre exil, votre mère jouit d'une situation heureuse ; votre sœur peut élever convenablement ses enfants, les faire instruire. Allons, Christine, du courage et de la fierté. J'ajouterai : de la générosité aussi ; souvenez-vous que sous le rapport du cœur comme sous tous les autres, ce sont les riches seuls qui peuvent donner : que vos leçons restent toujours empreintes de bonté ; que savez-vous de ce qui peut se passer dans l'âme de vos jeunes pupilles ?

Ma chère enfant, oublieriez-vous l'ami qui nous suit en tous lieux, sous toutes les latitudes ; celui qui a dit : Vous tous qui souffrez, venez à moi et je vous soulagerai... Allez donc à lui... Nous, la mère, la sœur, les amis, bien que nous vous aimions de tout notre cœur, nous ne pouvons que compatir à vos peines en y versant le baume de l'amitié. Dieu seul peut en enlever les pointes empoisonnées et les transformer en bénédiction pour votre famille et pour vous-même.

LETTRE VI

Ma chère Gisèle,

Vous voici tout installée à Varcilles : le voisinage de l'usine, la fumée noire qui s'échappe de l'énorme cheminée, le bruit de la machine, ne vous font pas peur. « Au contraire, me dites-vous, j'aime aussi l'allée et venue des ouvriers, dont, à cinq heures du matin, la masse ébranlée, provoque une trépidation qui ressemble au passage de lourds canons sur le sol. J'aime encore le vallon où serpente la gentille rivière aux eaux limpides qui, autrefois, apportait son concours à l'usine naissante. J'ai pris possession de mon domaine et suis parfaitement installée. Mon mari est excellent pour sa petite femme, il me laisse parfaitement reine et maîtresse du gouvernement de l'intérieur. Mon beau-père et ma belle-mère, retirés depuis mon mariage dans la belle habitation qu'ils ont fait bâtir à deux cents pas de la manufacture, sont on ne peut plus affectueux à mon égard. Les quelques voisins disséminés dans la campagne avec lesquels nous échangeons visites et dîners, se montrent bienveillants et d'un commerce agréable. Mes devoirs sont nettement définis, et je crois pouvoir faire quelque bien autour de moi. Tout cela n'est-il pas bon, très bon, chère Mademoiselle, et bien fait pour réjouir le cœur? Et pourtant, le mien éprouve parfois un serrement douloureux... Dans cette première année de mariage, si heureuse qu'elle ait été à l'égard des sentiments, j'ai pu constater avec une profonde tristesse combien nos âmes étaient éloignées et incapables de se comprendre. Mon mari, mon beau-père et ma belle-mère sont des caractères loyaux, foncièrement honnêtes, mais ils n'ont aucun principe religieux. Ils tolèrent mes pratiques de dévotion par bonté, comme un reste d'éducation première, et, le dirai-je? comme un enfantillage qui cessera avec le temps. Vous pouvez vous figurer, chère Mademoiselle, combien cette manière de voir, de considérer le principe et le devoir le plus sérieux de la vie, m'est pénible! Parfois je me sens si blessée de ce qu'on dit, si attristée de ce qu'on se retient de dire et que je devine, que je deviens froide et silencieuse. Ah! faut-il que ceux qu'on aime le mieux sur terre soient séparés de nous par l'abîme de l'incrédulité! Cette pensée radieuse de l'immortalité, but glorieux des espérances de notre foi, souvent pour moi se voile d'un crêpe, et la désolation entre dans mon cœur. Nul parmi ces chers incroyants ne se doute des tortures qu'il m'impose ; la légèreté avec laquelle eux-mêmes traitent cette question leur enlève toute idée de l'importance que j'y attache moi-même. Ils sont inconscients du mal qu'ils me font, voilà leur excuse.

« Hélas ! parfois, malgré mes efforts pour réagir, un sentiment de solitude m'accable... cette solitude de l'âme particulièrement navrante ; dans ces moments-là, je me sens au désert. Seule, la prière peut me soulager, me réconforter. Chère Mademoiselle, je viens à vous comme l'enfant à sa mère, je n'ai plus la mienne... et à vous seule, je puis parler de mes tourments et de mes inquiétudes. »

Ma chère enfant, je comprends toute l'angoisse de la souffrance que vous éprouvez ; quel est le cœur croyant qui n'en ait senti la pointe acérée ? Toujours quelqu'un d'entre ceux que nous aimons, et souvent des plus chers, marche loin des sentiers de la foi. Il ne faut pas vous décourager, ni vous laisser aller à la tristesse, tant de moyens nous sont offerts pour le rachat des âmes ; rassurez-vous, soyez forte et offrez aux regards de ceux qui vous entourent un visage serein. Les grandes récompenses s'obtiennent avec le plus pur des gouttes de sang du cœur, mais il faut les verser en silence et debout. Ne discutez pas, ou très sobrement, répondez aimablement aux petites attaques, mais en même temps avec cette conviction, cette fermeté d'accent qui finit toujours par imposer le respect. Gardez-vous surtout de rendre vos pratiques de dévotion déplaisantes pour votre entourage ; accomplissez simplement mais résolument celles qui sont d'obligation ; pour les autres, n'y mettez aucune attache personnelle et faites pour le mieux. L'essence religieuse réside dans la concordance de notre volonté à la volonté divine, qui toujours veut le mieux. Nous nous trompons souvent sous ce rapport et nous agissons par notre sens prope en suivant notre attrait.

La première chose à faire, ma chère Gisèle, c'est de rendre la religion aimable en nous et digne d'estime. Nous sommes tous des témoins, suivant le mot si profond des Écritures. Plus vous prendrez de cette noble influence de l'épouse qui s'acquiert par la stricte observance du devoir et le dévouement journalier, plus votre témoignage sera effectif. Dites-vous ceci : « Je veux qu'ils soient attirés vers mes croyances en constatant qu'elles augmentent ma force et mon courage pour les aimer et les rendre heureux. »

C'est ainsi que vous arriverez à un grand résultat, c'est-à-dire à former une atmosphère où la divine plante de la foi puisse germer.

Tout doucement, par cette attitude ferme et sans froisser personne, vous vous débarrasserez des plaisanteries sur un sujet qui vous tient au cœur, et de toute attaque de mauvais goût. Vous accepterez les discussions courtoises et sincères pour lesquelles vous pourrez vous servir de votre forte instruction religieuse, et de l'intelligence remplie de tact que je vous connais. Je crains votre ardeur, surveillez ce côté ; soyez toujours gracieuse et, autant que possible, mesurée dans les termes. Ne tombez jamais dans ce chauvinisme religieux, aussi injuste que maladroit, qui veut, contre toute équité, amnistier les fautes, les crimes mêmes des croyants ou prétendus tels, pendant qu'il charge, avec tout aussi peu d'honnêteté, les adversaires de sa passion, pour la moindre peccadille. Ce qui est mal l'est, de quelque côté que la chose se présente, et la justice ne doit jamais perdre ses droits.

Cette sage conduite vous attirera, en ce qui concerne votre modeste empire, un respect qui se traduira par la crainte de vous déplaire ; ajoutez-y, chez vos proches, celle de vous faire de la peine. Votre mari sera le premier à empêcher les propos qui pourraient vous blesser, en disant d'un ton aimable : « Messieurs, Madame R... est une croyante très convaincue, il ne faut pas que nous l'oubliions. » Vous verrez alors la réserve s'établir. J'ai remarqué ce fait en mainte occasion.

Et lorsque la venue prochaine du premier-né aura attendri les cœurs autour de vous, votre action, ou plutôt celle de Dieu, agira plus puissamment encore. Quelque jour de grande fête, le père dira : Tu voudrais bien que je t'accompagne à la messe ? En réponse à votre regard humide, il sourira, et ce jour-là, qui sera suivi d'autres semblables, il prendra place près de vous à l'église. Comment voulez-vous qu'un homme de cœur et d'intelligence se refuse indéfiniment à l'espérance d'éterniser sa joie, en éternisant ses affections ?

Son père et sa mère suivront bientôt la pente. Déjà cette dernière dit : « (le propos m'est revenu) Notre belle-fille est charmante, d'une vraie dévotion, nous la chérissons comme si elle était notre propre enfant. »

En ce qui concerne les ouvriers de l'usine, vous les visitez, surtout les pauvres et les malades, c'est votre devoir. Il vous est bien facile d'ajouter aux secours matériels des paroles de consolation et d'encouragement. C'est dans ces visites que vous pouvez préparer la voie au ministère du prêtre de la paroisse. La plupart de ces pauvres gens n'ont eu aucun enseignement religieux, ou si peu, que cela ne peut compter. Ils ont des préjugés, qu'à la longue votre parole peut faire disparaître. Vous amènerez vos malades à comprendre l'inestimable trésor de cette foi qui donne tant de dignité à la vie, et tant d'espérance pour l'au-delà. Vous ferez ces choses avec discrétion, à la vue de tous, mais sans excès de prosélytisme, et à l'égal de Dieu lui-même, avec un grand respect pour la liberté individuelle. Je connais votre délicatesse et n'ai cure sous ce rapport. C'est ainsi que vous pourrez conquérir les cœurs autour de vous, qui dès lors deviendront plus accessibles à la voix de la conscience et aux enseignements de la foi.

Ah ! si tous ceux que nous aimons, qui vivent dans le doute, loin de nos espérances, savaient quelle heureuse certitude nous donne la lumière de la foi ; de quelle puissance elle imprègne notre intelligence en l'attirant vers les hauteurs ; de quel à-l'aise intérieur et de quelle expansion généreuse elle réjouit et vivifie notre cœur ; enfin de quelle force, cette certitude trempe la volonté pour le bien en élevant les intentions, les purifiant du venin de l'égoïsme, et les simplifiant dans une filiale concordance à l'attraction divine, ils voudraient, comme la Samaritaine, boire à la source qui donne la vie éternelle.

Ma chère Gisèle, ne soyez pas effrayée de votre solitude d'âme, elle n'aura qu'un temps ; puisse cette pensée vous animer d'une patience appuyée sur une inépuisable espérance, et de cette chaleur communicative qui fond la glace du scepticisme et libère les cœurs de ceux que nous aimons.

LETTRE VII

Ma chère Eveline,

Pourquoi, en lisant votre confiante et aimable lettre, ai-je éprouvé un sentiment d'anxiété ? Cependant je vous vois casée, avec un mari que vous aimez et qui vous aime, dans une confortable demeure, jouissant d'une fortune et d'une position enviables... Eh bien, à mes yeux que l'expérience a rendus perspicaces, une ombre voile ce riant tableau.

Je veux noter ici le paragraphe de votre lettre qui inquiète mon amitié.

« La famille de mon mari, dites-vous, tient le premier rang dans le monde religieux et bien pensant de la ville. Chez mes beaux parents et dans mon propre salon, on ne rencontre que des gens triés sur le volet et partageant nos idées, ce qui est fort agréable A cause de cela, à mon grand regret, chère Mademoiselle, j'ai dû cesser toutes relations avec mon ancienne amie Claire Dennery, dont le mari, avocat ici, est, dit-on, un libre-penseur dont les idées sont incompatibles avec les nôtres. » Plus tard, vous vous étendez avec complaisance sur les œuvres auxquelles vous coopérez, sur les sociétés dont vous faites partie, etc.

Savez-vous, ma chère enfant, le mot qui me vient à l'esprit en lisant votre épître, véritable panégyrique de la société *bien pensante* de Vermont ? Un mot auquel Celui qui n'a eu que des paroles de miséricorde pour les plus coupables a attaché la plus sévère des réprobations : Pharisienne !... Hélas ! oui, ma chère Eveline, l'orgueil qui se complaît dans sa prétendue excellence et dans le mépris pour autrui que caractérise ce mot, respire dans les lignes de votre lettre, et je crains que tant de belles œuvres ne soient, par votre faute, frappées de stérilité. N'est-ce pas l'esprit de charité, c'est-à-dire l'amour de Dieu et du prochain, qui donne la vie à tout ce que nous faisons ? Et cet esprit ne doit-il pas rayonner avec générosité surtout autour de nous ?

Je ne connais pas la population de Vermont. J'accorde que vous devez consulter les sympathies de vos beaux-parents et tenir compte des habitudes locales, mais cela dans une certaine mesure et non au détriment du sentiment religieux. Ce qui me peine infiniment, c'est de constater que vous entrez de plain-pied dans ce système, sans la moindre hésitation de conscience, vous y trouvant à l'aise comme le poisson dans l'eau.

Je retiens un fait.

A la pension, vous paraissiez fort attachée à cette charmante Claire Dennery, avec laquelle, jusqu'à votre mariage, vous avez entretenu une correspondance suivie, et voici que, sans cause, l'orgueil pharisaïque s'imposant, congèle le cœur qui, autrefois, semblait bon et affectueux ; alors une vieille amitié est impitoyablement sacrifiée au formalisme le plus étroit.

Eh quoi ! ma chère enfant, vous travaillez, vous donnez votre argent, pour les crèches, les asiles, les missions ; vous vous intéressez aux âmes des pauvres et des sauvages, vous faites bien. Seulement, dès que cette âme du prochain ne porte pas la livrée de la pauvreté, elle ne vous intéresse plus, il paraît, surtout quand elle n'est pas de votre monde. La simple bienveillance elle-même vous fait défaut à son égard, et vous allez jusqu'à renier l'amitié.

Oh ! Eveline, là, au fond de votre âme, le ressort
qui fait mouvoir votre zèle religieux et humani-
taire exige-t-il donc, pour capter vos bons offices,
un état d'infériorité sociale, que les âmes de vos
égales ne disent plus rien à votre cœur ? Interrogez votre conscience, mon enfant.

Je ne reconnais plus la chère élève s'efforçant
de conduire au bien ses jeunes compagnes récalci-
trantes, et si doucement fière d'y réussir.

Prenez-y garde, en vous voyant passer froide et
orgueilleuse, que peuvent penser ceux qui n'ont
pas le bonheur de partager vos croyances ? Ils se
diront les uns aux autres : Voyez cette chrétienne,
ne dirait-on pas qu'elle se croit dispensée de justice
et de bonté, parce qu'elle formule des prières
auxquelles son cœur est étranger ? Nous valons
mieux qu'elle, car nos sentiments ont plus de
bienveillance et de réelle charité.

Et ils auront raison.

Ce terrible pharisaïsme ne date pas d'aujour-
d'hui. Vous connaissez l'Evangile.

Un jour, deux hommes se présentent au Temple.
L'un se réjouissait, dans son orgueil, d'être du
monde des vrais croyants, — des bien pensants
de ce temps-là — et de ne pas ressembler au publi-
cain. Celui-ci s'humiliait en silence. Vous savez
lequel des deux s'en retourna justifié.

Nous ne sommes pas assez pénétrés de l'esprit
de l'Evangile, parce que nous ne méditons pas ce
divin Livre. Vous êtes jeune, l'orgueil de la vie

vous abuse, et vos jugements manquent d'équité.

L'âme est par elle-même si grande dame que son enveloppe, fût-elle celle d'une reine, lui est toujours fort inférieure ; aussi devons-nous la respecter et l'aimer, quelle que soit la forme qu'elle revête.

Vous allez me trouver sévère, dites plutôt triste, mon enfant. Songez-y : avoir cultivé pendant dix ans dans une jeune âme les plus précieuses facultés de l'esprit et du cœur, en les orientant sans cesse vers le bien ; avoir vu germer et croître dans cette âme la fleur divine de la bonté à l'expansion généreuse, et reconnaître qu'un vent de bise a fait mourir cette belle fleur, ou du moins l'a rendue improductive, c'est dur pour le jardinier, convenez-en.

La vie, Eveline, ne réside pas dans les petites classifications de castes ou de coteries, elle est autrement sérieuse et haute. Ne voir dans le monde que des âmes créées comme nous à l'image de Dieu, les considérer comme notre prochain, non seulement en paroles mais en action, voilà la loi. Rappelez-vous le bon Samaritain. De race méprisée, il n'accomplissait pas les formules légales de la religion, mais il en avait l'esprit, et pour cela, Jésus l'a proclamé le véritable prochain du blessé gisant sur la route, et non le prêtre et le lévite.

Gardons-nous du pharisaïsme, ma chère enfant, cet ennemi mortel du véritable esprit chrétien.

Fait de mansuétude et de douceur, cet esprit

miséricordieux aux pécheurs, patient avec les faibles, ne condamne que ceux qui condamnent les autres.

C'est celui que nous a enseigné le Sauveur.

Plus tard, il nous demandera : Avez-vous été mes coopérateurs, mes témoins ? Avez-vous attiré vos frères vers moi par votre exemple et votre bonté ?

Saint Augustin a dit : « Aimez et faites ce que vous voudrez. » C'est seulement au foyer de l'amour s'élevant au-dessus de soi-même que toute œuvre prend vie.

Elle le savait, cette chère Elise que vous avez connue, cette paralysée à dix-huit ans qui, de son lit de douleur, prêchait sans paroles. Sa devise était : « Aimer et se faire aimer de tous, pour mériter la joie de leur faire du bien. »

Puissions-nous suivre son exemple, ma chère enfant !

LETTRE VIII

Ma chère Edmée,

Le contenu de votre lettre donne matière à réflexion. Moi aussi, j'ai lu le rapport en question. Très beau ! très platonicien ! mais cela suffit-il ? Votre question comme but d'étude, est de celles auxquelles on ne peut se dérober. Indiquons-la.

« La connaissance et l'amour du beau peuvent-ils suffire à l'enseignement de la morale et le rendre efficace ? »

Heureuses les âmes que leur nature incline vers le beau, elles arrivent plus sûrement au vrai ; mais cette faculté n'appartient pas à tous, et tous nous devons pouvoir trouver la vérité.

Pour vous, ma chère Edmée, le beau est le culte de votre jeunesse, et vous vous écriez : « N'est-ce pas la route divine par excellence. »

Il y a dix-huit siècles, Pilate demandait au Christ : « Qu'est-ce que la vérité ? » et se détournait sans attendre la réponse. Et moi, je vous demanderai aujourd'hui : qu'est-ce que le beau ? Toutes les époques ne lui ont pas donné les mêmes traits. Il y a eu le beau païen qui fut la glorification de la forme, jusqu'au moment où le beau chrétien, rejetant la forme au second plan, donna la suprématie au mouvement de la volonté dans les nobles décisions du bien. Depuis, sous l'influence du beau moral, la forme elle-même s'est spiritualisée.

La philosophie moderne a fait du beau une image ciselée dans tant de négations, que l'impression en reste froide lorsqu'elle n'est pas désolante. Pour la littérature, le beau est un être fantastique, ondoyant, païen, sans la pureté des lignes antiques, qui peut être très laid et s'appeler le beau quand même ; enfin une image mobile aux masques divers.

Vous vous écriez que votre beau ne ressemble guère à cette exposition. Celui auquel vous vous désaltérez comme à une source délicieuse, la nature vous en offre l'image : mers immenses, fleuves rapides, montagnes géantes, collines boisées, lacs tranquilles, forêts sombres, plaines lumineuses, coins riants, solitudes agrestes, toute l'immensité en revêt la magnifique empreinte.

Vous le retrouvez, plus noble encore, dans la manifestation des sentiments élevés. Souvent, c'est le livre qui vous l'offre, le discours, le tableau, la gravure, la mélodie. L'âme qui renferme l'amour du beau sait le reconnaître partout où il réside.

J'approuve fort qu'en éducation on lui fasse une part glorieuse, en saisissant toutes les occasions de le mettre en relief. Sur l'esprit de certains enfants, préparés à l'avance, au foyer domestique, pour la plupart, la beauté des scènes de la nature pourra exercer la plus heureuse influence, ainsi que le récit des belles actions; mais il faut bien l'avouer, sur le grand nombre, le premier échouera. Combien sentent l'âme des choses? Le petit nombre.

Hélas ! non, ma chère Edmée, l'étude du beau dans sa seule force intrinsèque ne peut suffire à l'enseignement de la morale, car il n'est qu'une forme et non un principe.

De là l'appel à un agent dont nul ne peut se passer en éducation : la Conscience.

Maintenant nous disons : La conscience unie à l'amour du beau suffit-elle à rendre cet enseignement efficace ?

En se transformant, la question se rapproche du but, mais l'atteint-elle ? Cherchons.

Qu'est-ce que la conscience ?

C'est, répond le dictionnaire, le sentiment intérieur par lequel l'homme se rend témoignage à lui-même du bien et du mal.

La conscience est le diagnostic, l'agent d'un principe absolu, mais elle n'est pas le principe lui-même. Peut-on la fausser ? Certes, même parmi les gens de bonne volonté, la conscience ne parle pas toujours le même langage ; cependant elle est le moteur principal pour arriver à la recherche de la vérité. C'est elle qu'il faut interroger, manier avec délicatesse, fortifier et éclairer, dans la tâche de l'éducation.

Là se présente le nœud de la question : sera-t-il suffisant de faire évoluer l'âme de l'enfant au milieu du royaume du beau, à l'aide des meilleurs instincts de la loi naturelle suscités par la conscience, pour lui donner la consistance de volonté pour le bien que comporte cet âge ? Non, l'abstrait ne convient pas à l'enfant, les rêves philosophiques, même les meilleurs, ne sont pas son fait.

L'idée de se gouverner sans lois, avec les seules notions de justice et de solidarité, viendra-t-elle jamais à une nation ? On crierait à l'absurde.

La même nécessité se produit dans le royaume

des esprits, sans cela, ceux-ci restent flottants et malheureux à travers les complexités de l'indifférence et du doute.

En éducation, il est absolument nécessaire de bâtir sur quelque chose de tangible, d'absolu. Du reste, lorsque vous voudrez expliquer à l'enfant ce qu'est la conscience, la logique vous amènera nécessairement à la constatation d'un être supérieur, principe de tout bien, avec toutes les vérités qui en découlent.

C'est une erreur radicale de prétendre élever l'enfant sans assise religieuse, même au point de vue social que je veux seul, pour le moment, envisager ici.

Il faut, pour former une individualité capable d'accepter avec courage et les assujettissements sociaux et les peines de la vie, l'imprégner de ces fortes convictions : la foi en Dieu et en une autre vie, où chacun sera jugé selon ses œuvres, où ceux qui ont souffert seront consolés, où enfin le règne de la justice luira pour l'éternité.

Voilà les vraies bases de toute éducation nationale ; lorsqu'on s'en écarte, les fruits sont amers. Dans l'infinité de suicides qui assombrissent cette fin de siècle, que trouvons-nous ? Des faibles que les obstacles ou les douleurs sans récompense désespèrent ; des âmes flottantes, des sceptiques ; pas un croyant.

L'âme de l'homme a sa pente vers le surnaturel, lorsqu'on la détourne de cette pente, on la livre, sans boussole, 'à toutes les aventures.

Que voulez-vous qu'on fasse sans un noble but
et sans un irréfragable espoir ?

Non, ma chère Edmée, cent fois non, il ne
suffit pas de donner pour base à l'éducation
l'amour du beau, même avec l'aide de la conscience ; il faut y appeler l'esprit religieux, principe
des deux autres. Le proscrire est tomber dans
cette singulière erreur d'adopter les effets comme
salutaires, et de rejeter la cause.

Donc l'enseignement de la morale doit s'appuyer à l'idée religieuse pour être efficace et
donner tous ses fruits.

LETTRE IX

Ma chère Paule,

Votre cœur s'ouvrant au soleil radieux de la
seizième année, appelle l'amitié ; mais comme ce
cœur généreux et chaud est en même temps
timide, ce n'est qu'à pas lents qu'il s'achemine
vers la terre promise.

« Mlle Arville me plaît infiniment, dites-vous,
je me sens vivement attirée vers elle. Nos goûts
semblent concorder ; comme moi, elle aime la
nature et les beaux livres. Marthe est mon aînée
de trois ans. Son attitude réservée me tient un
peu à distance ; cependant lorsqu'elle me serre
la main, son étreinte est affectueuse et son regard

rempli de sympathie. Depuis trois mois, nous avons des rapports fréquents, malgré cela, la barrière qui sépare nos cœurs est encore debout. Chère Mademoiselle, j'ai la conviction que Mlle Arville me ferait beaucoup de bien et que mon cœur pourrait en toute sécurité s'appuyer sur le sien. »

Mon enfant, je salue avec vous l'aube charmante de l'emploi de la plus noble des prérogatives humaines.

« L'amitié, dit le Père Lacordaire, est le plus parfait des sentiments de l'homme, parce qu'il en est le plus libre, le plus pur et le plus profond. »

Oui, le sentiment le plus libre, car, prenant sa source dans les hautes régions de l'âme, au-dessus de l'empire des passions, il est un don gratuit, qui se renouvelle chaque jour par la volonté maîtresse d'elle-même. Le plus pur, car l'amitié digne de ce nom cherche, avant tout, la perfection et la joie de l'être aimé. Le plus profond, car au contraire de l'amour, il va grandissant avec les années, et sous les ruines des hivers, il conserve la couronne d'une éternelle jeunesse. Nous pouvons ajouter que ce sentiment est le moins sujet aux variations, celui sur lequel les choses humaines ont le moins de prise.

Ma chère Paule, la rencontre d'un être que l'on puisse ainsi aimer, même avant l'espoir d'une heureuse réciprocité, est déjà une inestimable faveur.

.Le portrait que vous esquissez de Mlle Marthe, tout en faisant la part d'un peu d'exagération enthousiaste, me plaît. Du reste, j'ai rencontré cette jeune fille chez votre père, et ma première impression a été très favorable. L'œil est limpide, le front intelligent, la physionomie entière porte l'empreinte de sentiments élevés. Votre mère approuve cette relation où elle voit pour vous les meilleures garanties d'influence, voilà qui est décisif.

Laissez faire le temps, ma chère Paule, certains sentiments, et ce sont les plus nobles, ne veulent pas être brusqués ; quelque jour, sans l'avoir provoqué, vous vous trouverez cœur à cœur, la main dans la main.

« Elle m'est bien supérieure, dites-vous, non seulement par l'âge, mais encore par l'intelligence et le savoir. »

Tant mieux ! elle appuiera votre adolescente faiblesse dans l'éclosion d'un sentiment quasi divin. Oui, divin !... est-ce que l'amitié n'est pas la rencontre mystérieuse de ce qu'il y a en nous de supérieur à tout : la faculté d'aimer dans le domaine de l'âme, au-dessus des orages du cœur et de ses faiblesses ? Et l'âme, cette invisible, que nous sentons si présente, n'appartient-elle pas aux régions de l'immortalité ?

La jeunesse est le temps favorable pour former les liens de l'amitié, les impulsions alors sont généreuses, spontanées ; mais seul, l'âge mûr couronne et cimente l'union éternelle. Lorsque ce sentiment, ainsi que le cas existe pour vous, prend naissance dans deux cœurs religieux, la sécurité dans l'affection devient un parfum céleste. Comme l'a dit Mme Swetchine : « On travaille ensemble au bonheur de ne jamais se quitter. »

Aimez donc en paix, ma chère Paule, ne vous troublez pas de la supériorité de votre amie : en provoquant la sympathie, l'amitié ne connaît que des égaux.

Je crains plutôt qu'ayant conçu une si haute idée de Mlle Arville, vous ne vous prépariez quelque déception. Hélas ! l'humaine nature ne perd jamais ses droits, et si noble, si bien douée que soit cette jeune fille, vous ne serez pas sans apercevoir une imperfection par ci, par là. Votre amitié en sera-t-elle atteinte ? non, si vraiment elle est le sentiment fort et doux qui mérite ce nom. Celui qui aime surtout par l'âme, s'identifie à l'objet aimé pour le soutenir, le consoler et l'aider à se relever dans ses chutes. On ne doit pas aimer seulement dans la joie et la lumière, mais encore dans la douleur et la triste obscurité.

Soyez heureuse d'aimer, ma chère Paule, et attendez avec une douce patience qu'on vous aime. L'affection appelle l'affection.

« Pourquoi Dieu, dit une maxime arabe sur l'amitié, a-t-il donné une ombre au corps de l'homme ? C'est pour qu'en traversant le désert, il puisse reposer ses regards sur cette ombre, et que le sable ne lui brûle pas les yeux. »

Quelle ombre plus rafraîchissante pour le cœur de l'homme, au milieu des vents brûlants et des orages de la vie, que l'amitié ! En ce moment, ma chère Paule, vous en sentez surtout les juvéniles ivresses, plus tard, vous en comprendrez les forces cachées.

Mais tout bienfait doit se mériter ; travaillez donc à vous rendre de plus en plus digne d'être aimée. Faites que le regard de votre amie puisse se reposer sur vous avec complaisance ; que tout en votre individualité provoque la fierté du cœur qui vous aime, atteste qu'il a noblement placé ses affections et lui donne la certitude d'une réciprocité entière.

Laissez-moi terminer par un vœu : Puisse l'amitié qui vous unit à Mlle Arville s'appuyer sur Dieu ! Lui seul, qui a aimé jusqu'à la fin, jusqu'à la mort, peut donner à ce lien si doux la force et la durée.

LETTRE X

Non, ma chère, votre penchant à l'enthousiasme ne saurait me déplaire, car je sais qu'il ne se trouve en vous aucune affectation, ni rien qui ressemble à une impulsion irréfléchie et passagère. Chez vous, Christiane, ce penchant dénote une âme noble qui s'élève au-dessus d'elle-même, attirée par une puissance supérieure.

Je veux laisser pour l'instant la parole à Mme de Staël, elle s'en servira infiniment mieux que je ne saurais le faire.

« La disposition de l'âme à l'enthousiasme, dit-elle, a de la force, malgré sa douceur, et celui qui la ressent sait y puiser une noble constance. Les orages des passions s'apaisent, les plaisirs de l'amour-propre se flétrissent, l'enthousiasme seul est inaltérable. L'âme s'affaisserait dans l'existence physique, si quelque chose de fier et d'animé ne l'arrachait au vulgaire ascendant de l'égoïsme. Cette dignité morale à laquelle rien ne saurait porter atteinte, est ce qu'il y a de plus remarquable dans l'existence. C'est pour elle que, dans les peines les plus amères, il est bon d'avoir vécu, comme il serait beau de mourir...

« On a souvent accusé l'enthousiasme d'induire en erreur, mais peut-être un intérêt superficiel trompe-t-il bien davantage ; car pour pénétrer l'essence des choses, il faut une impulsion qui nous excite à nous en occuper avec ardeur. En considérant d'ailleurs la destinée humaine en général, je crois qu'on peut affirmer que nous ne rencontrerons jamais le vrai que par l'élévation de l'âme. Tout ce qui tend à nous rabaisser est mensonge ; et c'est, quoi qu'on en dise, du côté des sentiments vulgaires qu'est l'erreur. »

Voici une belle définition de l'enthousiasme, n'est-ce pas, ma chère Christiane? Dans ces lignes vous avez reconnu vos propres aspirations. Ce style, précis dans sa noblesse, rappelle celui de Platon. Il y a loin de cette démonstration dont l'élévation chaleureuse n'exclut pas le calme, à ce je ne sais quoi d'outré, de faux et d'inconsistant auquel trop souvent on donne le beau nom d'enthousiasme. L'intensité de la flamme dépend de celle du foyer. Si notre âme est elle-même très consistante, si notre caractère a une base large et solide, si nos convictions religieuses et morales sont éprouvées, l'enthousiasme sera la pure lumière qui guidera l'âme vers une existence plus élevée, en provoquant l'impulsion généreuse de toutes les facultés vers l'idéal ; car pour se complaire dans la fierté humaine, il faut l'appuyer sur le surnaturel, sans quoi celle-ci ne serait que la ridicule fanfaronnade d'une ombre de rêve.

A l'exemple du génie, l'enthousiasme se plaît dans les régions élevées et nous pouvons lui appliquer ces belles paroles :

« Comme le pâtre de la haute montagne, écrit Robert de la Sizeranne, écoute murmurer dans les ravins la voix sonore des torrents, c'est d'un sommet silencieux que le génie se penche et prête l'oreille à ce qui souffre et crie à ses pieds. Tandis qu'il ignore tout ce qui ne monte pas très haut, il reste à portée des souffles supérieurs qui prennent naissance en dehors des temps, du flux et du reflux des civilisations et des systèmes, dans ces régions où l'âme, suivant Platon, avait voyagé jadis, dédaigneuse des êtres, à la suite d'un seul être véritable, régions dont elle garde d'ineffables et obscurs souvenirs. »

Ce langage doit vous plaire, Christiane, il convient à vos aspirations secrètes ! Votre âme de vingt ans a parfois ressenti ces souvenirs, mystérieux appels d'une félicité disparue, d'un état supérieur dont notre cœur voudrait encore étreindre la céleste volupté. Vous avez souffert ces heures d'inexprimable mélancolie, où notre moi retombe lourdement sur lui-même, faute de ces ailes dont parle encore Platon, lesquelles, prétend-il, dans nos angoisses, tendent sans cesse à repousser. Vous avez l'âme trop haute pour que les pauvres joies terrestres vous suffisent, et lorsqu'on parle devant vous d'espérances et d'illusions perdues, vous hochez la tête en souriant, car votre pensée s'arrêtant sur ce qu'on appelle ici-bas le bonheur, vous le trouvez si incomplet, si menacé de toutes parts, que devant les nombreuses années promises à votre jeunesse, vous vous écriez : « Mon Dieu ! comme je m'ennuierai ! »

Ceci est bien de vous, Christiane, je reconnais dans ces paroles l'inquiète petite créature de dix ans qui, déjà éprise d'idéal, m'interrogeait sans cesse sur l'au-delà des nuages ; je reconnais surtout l'adolescente qui éprouvait déjà les tristesses instinctives de l'instabilité humaine et la crainte vague des problèmes de la vie et de la mort.

Comme autrefois, ma chère Christiane, je vous

dirai: Ayez confiance, appuyez-vous sur votre Père céleste, il aura soin de vous. J'ajouterai aujourd'hui : Voulez-vous conserver vos espérances, voulez-vous éviter à votre cœur les rudes atteintes ? Elevez-le très haut afin qu'aucun pied humain ne puisse marcher dessus ; conservez dans un coin de ce cœur un sanctuaire où vous entrerez comme dans un temple, vous faisant, ainsi que l'abeille, un trésor secret des plus purs souvenirs de vos journées et du parfum de vos meilleures actions.

Voulez-vous que la vie vous offre, sinon une fin heureuse selon vos désirs, du moins un voyage très supportable éclairé par l'espérance et fortifié par la foi ? soyez fidèle à toute vocation humaine, donnez-vous un noble but. Au lieu de vous alanguir à scruter vos misères, dépensez-vous pour les autres. Cherchez, non votre joie, mais ce pourquoi vous avez été mise en ce monde. A ce sujet, écoutez un de vos auteurs préférés : Henry Perreyve.

« L'important n'est pas d'être fort, ni savant, ni intelligent, ni actif. L'important est d'être à sa place dans le monument éternel que Dieu construit avec amour ; et si notre place est la souffrance, l'impuissance, la mort prématurée, si nous devons lui rendre gloire dans cette seule forme : *Amen*, il n'y a plus qu'à vouloir et répéter quand même, dût la nature en frémir et en pleurer : *Amen* ».

Du jour, ma chère Christiane, où nous aurons

atteint notre place dans le plan divin, nous aurons acquis .le maximum de perfection auquel Dieu nous invite, alors nous aurons droit au maximum de bonheur qu'il nous garde.

Savez-vous quel est l'acte de foi que je voudrais vous voir formuler ? le voici :

« Mon Dieu ! je crois et me confie en vous. Je crois que l'impression d'un bonheur supérieur que vous avez mise en moi, ne sera pas déçue, si je me rends digne de vos vues providentielles, je veux consacrer à ce but tout ce que vous avez déposé en moi de facultés et de puissance pour le bien. Inspirez-moi, soutenez-moi et soyez béni pour le temps et pour l'éternité ».

Allons, Christiane, mettez-vous à la tâche. Pour cela, il n'y a qu'à regarder autour de soi, Dieu guidera le cœur et la main.

A mesure que le ferment d'enthousiasme qui existe en vous se purifiera sous l'action divine, appelée par votre bonne volonté, et par la pureté de vos intentions, il se répandra en ardeur féconde sur toutes vos actions, les vivifiant en excitant votre courage. Comme Longfellow, vous vous écrierez : « En avant ! en avant ! l'âme qui sommeille manque à sa mission. »

Alors l'enthousiasme sera vraiment pour vous une force vive, une flamme bienfaisante descendue du foyer éternel lui-même ; et si Platon a pu dire que le beau était la splendeur du vrai, on peut proclamer avec autant de raison que le véritable enthousiasme est la splendeur de la vie surnaturelle dans son expansion humaine la plus généreuse.

LETTRE XIJ

Ma chère Sybille,

« Que pensez-vous du féminisme ? » me demandez-vous dans votre lettre.

La question ne laisse pas que de m'embarrasser. Jusqu'ici, je suis restée spectatrice tantôt hostile, tantôt sympathique de ce mouvement ; donc, pour moi, le pour et le contre se coudoient dans cette question aux nombreuses complexités. Malgré cela, je vais essayer d'en dégager avec vous les lignes principales.

Une chose certaine, c'est que le mouvement existe.

Conduit à l'abord par des personnalités peu sympathiques aux gens sérieux, il provoqua une opposition railleuse. Patronné, depuis plusieurs années, d'une tout autre manière, il a gagné continuellement du terrain ; aujourd'hui il obtient droit de cité dans l'évolution sociale.

Est-ce un bien ? est-ce un mal ?

Certaines raisons militent pour, d'autres parlent contre. En tous cas, ce mouvement peut-il être enrayé ? Je ne le crois pas. Alors, s'évertuer contre serait se battre contre les moulins à vent ;

essayer d'en tirer le meilleur parti vaut mieux.

Notons d'abord les avantages que le Féminisme a déjà remportés.

1° Le salaire de la femme mariée lui appartiendra personnellement. Je trouve ceci juste. Ce changement peut produire de bons résultats si celle-ci est économe et possède du savoir-faire.

2° Les femmes peuvent servir de témoin dans les affaires civiles. Je vous avoue que cette décision me laisse froide.

3° Elles sont admises à faire partie des conseils de prudhommes. Très bien. N'est-il pas juste et normal qu'une directrice d'établissement de commerce ou d'industrie ait droit au chapitre en choses qui la concernent au même degré que les hommes ? Une femme capable de diriger un établissement de ce genre doit être de bon conseil.

4° Il est une victoire que les femmes viennent de remporter sans l'avoir sollicitée, que je sache, laquelle m'a touchée plus que toutes les autres, c'est leur entrée dans les conseils de l'Assistance publique. S'il est un terrain où la femme soit bien chez elle, c'est celui-là. Elle a toutes les qualités de l'esprit qui conviennent à pareille mission : la finesse, l'industrie des moyens, la patience d'investigation ; mieux encore, celles du cœur : le courage, le dévouement, au besoin, l'esprit de sacrifice. Je suis heureuse de ce progrès, car je suis persuadée que les honorables élues en ces conseils le seront pour le plus grand bien des assistés.

5° Autorisée à faire les études de médecine, la femme peut recevoir le titre de docteur et se servir de ce diplôme. Si la pensée de l'amphithéâtre et des cours suivis en participation avec les étudiants choque nos habitudes de convenance, d'un autre côté, combien il peut être agréable à l'occasion, pour nous, par exemple, de pouvoir s'adresser à une femme, par nature plus compatissante et plus douce.

La toge de l'avocat me sourit moins pour elle, je l'avoue. Voir la femme électeur et la femme éligible ne me sourient pas du tout. Préjugés, direz-vous. Peut-être... Que voulez-vous ? on n'est pas impunément d'une autre époque. J'accepte mieux la femme journaliste, car celle ci dans nos temps troublés a sa raison d'être.

Parlez-moi de la femme artiste, à la bonne heure ! l'art est bien dans sa nature ; et son entrée aux cours des beaux-arts satisfait à la fois l'équité et le bon goût.

Mais, croyez-le bien, ma chère Sybille, le véritable centre de la femme est et sera toujours la famille. C'est là que fille, épouse et mère, son influence est vraiment efficace. Qu'elle soit intelligente, instruite, rien de mieux ; dans ce cas, elle servira d'aide et d'interlocutrice à son mari, de premier professeur à son fils. Est-il but plus désirable que celui d'être l'appui, la conscience intime, le pivot de la vie morale du foyer ; de pouvoir inspirer à son fils, à sa fille, l'esprit de justice, l'attrait du bien général au-dessus de l'intérêt particulier ; le culte du patriotisme ; quelle sublime tâche de faire sans cesse appel aux bons sentiments ; d'évoquer tous les devoirs, toutes les responsabilités ; de donner sans compter ses soins et ses veilles ; enfin, dans une sphère plus haute encore, d'initier de jeunes âmes à la vie surnaturelle de la foi !

Fut-il jamais champ plus vaste, plus riche en moissons futures ? Et comment mieux employer lez puissances de son esprit et celles de son cœur ?

Vous me direz, ma chère Sybille, que toutes les femmes ne sont pas épouses et mères ; que beaucoup ont besoin de gagner leur vie ou d'exercer leurs facultés, j'en conviens et désire qu'on leur ouvre largement toutes les carrières aux-quelles elles peuvent raisonnablement prétendre.

Je crains qu'après d'injustes prohibitions, on ne tombe dans un excès contraire.

Certains nobles cœurs, parmi les plus ardentes féministes, rêvent, par l'entremise de la femme délivrée des entraves sociales, d'influer sur les mœurs d'une manière bienfaisante. C'est le plus noble des buts ; sera-t-il atteint? Tout dernière-ment on m'apporta un numéro du premier journal féministe quotidien ; aussitôt mes yeux se fixèrent sur le feuilleton, lequel était crûment immoral!

Comment trouvez-vous cela ? Un vieil axiome dit que tout peuple ressemble à sa littérature.

Ce n'est pas toujours vrai, Dieu merci! mais enfin, on ne peut nier l'influence de cette dernière sur les mœurs.

Si l'on ne devait pas mieux faire que les hommes, on avouera qu'à part les questions concernant la lutte pour la vie, mieux vaudrait s'abstenir.

Les féministes ont en ce moment, comme on dit, le vent en poupe. Appuyées par des hommes éminents, elles ont déjà obtenu de sérieux avantages ; mais comprennent-elles bien que tout nouveau droit donne naissance à un nouveau devoir ?

C'est pour avoir souvent oublié ce principe que l'homme a perdu une partie de son prestige, et qu'aujourd'hui sa suprématie, en tant que protecteur et directeur du foyer, est discutée.

Enfin, comme je le disais en commençant : attendons. Le mouvement actuel s'organisera, se disciplinera, et, espérons-le, les bonnes intentions, la sagesse, la prudence, la mesure dans les revendications prendront le dessus sur les théories malsaines et les folles utopies.

LETTRE XII

Ma chère Geneviève,

Que je vous plains ! votre chère maman n'est plus... c'est la seule pensée qui frissonne en vous. Oui, celle dont le cœur a toujours été votre plus sûr abri, est partie pour son immortelle demeure, vous laissant orpheline à vingt-deux ans ! Il y a quinze jours, je ne vous écrivis qu'un mot dans lequel je renfermai toute ma compatissance pour votre malheur... Que peut-on dire ou faire en un pareil moment, si ce n'est de pleurer avec celle qui pleure et de lui montrer le ciel ? Aujourd'hui, je veux essayer d'apporter à ce pauvre cœur, avec la sainte caresse de l'amitié, des paroles de paix et d'encouragement.

Hélas ! je le sais par ma propre expérience, cette perte immense est une irréparable atteinte à la joie... Celle qui vous a quittée n'était pas seulement la mère, l'ange gardien, l'éducatrice de votre enfance, mais depuis plusieurs années déjà, elle était devenue pour vous une amie que nulle autre ne pourra jamais remplacer; une interlocutrice aux délicatesses intellectuelles et morales qui vous ravissaient, m'écriviez-vous un jour. Enfin cette mère chérie était la moitié de vous-même, et la meilleure; ces vides-là, malgré le temps et les nouveaux intérêts de l'existence, ne se remplissent jamais entièrement ; il en reste au fond de l'âme une ineffaçable mélancolie que notre cœur conserve jalousement.

« Ah ! vous écriez-vous, à quoi bon maintenant mes petits succès littéraires, les évènements d'apparence heureuse que me réserve l'avenir ? Qui en jouira comme elle ? Je ne verrai plus le rayon du bonheur étinceler dans ce cher regard... Nous avons vécu d'une si étroite union de sentiments dans ces dernières années, que nos âmes s'étaient mêlées. Non seulement j'ai perdu ma joie, mais il me semble que cette mort a brisé en moi toute force morale. Si vous saviez quel grand cœur possédait ma sainte, ma vénérée mère ! »

« Ah ! poursuivez-vous, puisse-t-elle m'attirer à elle, puissé-je la rejoindre bientôt ! »

Cette parole, arrachée par l'angoisse, vous la désavouerez bientôt, j'en suis persuadée. Dans celle dont vous pleurez si amèrement la perte, respirait une courageuse chrétienne dont la vie, fort éprouvée, a été la plus noble acceptation des peines qui l'ont remplie. Toujours son courage a été à la hauteur de l'épreuve. Sa résignation participait de celle dont parle Mme Swetchine : « qui consiste à mettre Dieu entre la douleur et soi. »

J'en ai la conviction, votre mère occupe là-haut une place de choix ; souvenez-vous de cette communication de l'Evangile : « Il y a plusieurs demeures dans la maison de mon père. » Examinez donc ce que votre jeune vie, portée jusqu'ici par l'amour maternel, pourrait offrir en comparaison de cette âme d'élite ciselée par la main du divin sculpteur. Et vous renonceriez lâchement à entrer dans la propre joie de cette mère tant aimée ? En poussant votre cri de détresse, vous aviez oublié ces choses. Puissiez-vous rester longtemps sur terre, ma chère Geneviève, pour remplir votre part dans la tâche universelle de travail, d'amour et de souffrance, en vous rendant chaque jour plus digne de celle que vous pleurez ! Enchâssez son précieux souvenir au plus profond de votre cœur, n'en assombrissez pas la lumière par une douleur sans consolation et sans espérance. Vous avez la foi, vous croyez à une glorieuse éternité sans séparations possibles, sans aucun trouble de nuages humains ; puisse votre âme se raffermir sous ces souffles puissants !

Vous dites encore : « Moi qui étais si heureuse ! »

Est-ce que l'action de grâce pour le passé ne doit pas vous aider à murmurer aujourd'hui : *Fiat* ? Si vos lèvres se refusent encore à le prononcer, attendez en paix ; avec l'aide de Dieu, l'heure de la générosité du sacrifice sonnera bientôt, je vous connais, ma Geneviève.

Un dernier cri s'échappe de votre cœur désolé : « Comme je serai seule maintenant ! »

Seule ! Non, des parents et des amis vous entourent. Puis, souvenez-vous des paroles de votre mère mourante : « Dieu te reste, mon enfant,

jette-toi dans ses bras. » Oui, il est l'ami par excellence, lui seul peut donner des consolations
efficaces ; il est surtout le père des orphelins et
des solitaires.

Pourquoi résisterai-je au désir de vous citer ces
beaux vers de Lamartine, d'une si pénétrante
douceur ?

> On dit que ta tendre parole
> A d'autres ne se peut mêler,
> Seigneur, et qu'elle ne console
> Que ceux qu'on n'a pu consoler ;
> Et l'âme se fond en prière
> Et s'entretient avec les cieux ;
> Et les larmes de la paupière
> Sèchent d'elles-mêmes aux yeux.

Vous irez à lui, ma chère enfant, il vous donnera la patience de l'attente et le courage d'accomplir la tâche qu'il mettra à votre portée. Avec la
volonté de vivre et de réunir toutes vos facultés
pour le service du bien, vous ne vous sentirez
plus seule, je vous le prédis. Lorsque vos pieds
endoloris trouveront le chemin dur et rocailleux,
vous sourirez aux cieux qui renferment ceux que
vous aimez.

Hélas ! ma chère enfant, que savons-nous de la
douleur, pour la juger et la maudire ? Lorsque
d'un cœur rasséréné nous regardons son œuvre
autour de nous, souvent, malgré nos yeux humains, si faibles qu'ils soient, nous sommes

obligés de reconnaître que de plus d'une amertume les fruits sont doux.

Nous ne pouvons accuser l'éternelle justice… songeons à nos ténèbres; plus tard, nous comprendrons et nous bénirons. Le Seigneur ne peut voir les choses d'ici-bas qu'au point de vue de l'immortalité, il faut nous en souvenir et dire à la résignation : « Entrez, ma sœur. »

La douleur est le rachat par excellence, et c'est elle surtout qui donne à l'âme du ressort en trempant la volonté.

Vous viendrez me voir, ma chère Geneviève, appuyer votre cœur sur celui de votre vieille amie. Nous parlerons de cette mère vénérée; je vous redirai son enfance, déjà remplie de promesses; je vous raconterai de nombreux traits de sa jeunesse; elle revivra à vos yeux comme dans votre cœur. Alors, réconfortée par son exemple, vous vous remettrez à l'œuvre. Vous penserez aux autres, vous les aimerez, vous leur ferez du bien, et vous ne sentirez plus la solitude.

Les formes de la vie passent rapidement, et lorsque, plus tard, dans la stabilité des jours éternels, nous contemplerons les mystères de la douleur, nous trouverons qu'elle a été la manifestation supérieure de la miséricorde de Dieu.

SUR LE SEUIL

Jour après jour, rêve après rêve, on descend la montagne en marchant vers l'ombre du couchant. Le soleil pâlit et le crépuscule le voile de ses mourantes lueurs. Le passé d'hier s'éloigne dans des brumes inconnues jusqu'alors. Le souvenir de notre individualité d'autrefois, avec ses projets de jeunesse, semble revenir de si loin !

Nous voici sur la limite du temps, en face de l'énigme sombre, déchiffrable à la Foi seulement. Notre moi se dépouille peu à peu de ses vains ornements pour nous apparaître dans sa nudité, aussi dans l'indépendance des choses.

Il est une heure où, loin des bruits humains, l'âme finit toujours par se trouver seule devant Dieu.

Alors, le décor terrestre se décolore, s'éloigne et enfin disparaît dans une lumière plus haute qui envahit l'horizon. L'âme perd de vue les perspectives d'antan, mais elle en découvre d'autres d'une incomparable grandeur, d'une beauté divine, devant lesquelles elle se sent petite et misérable. Alors, la foi resplendit, et l'espérance est son refuge.

Les souvenirs accourent... non avec leurs pensées d'autrefois, mais avec l'inévitable pensée d'aujourd'hui.

Quel a été l'emploi de la vie ? De l'or pur ou du vil métal ? L'un et l'autre sans doute. C'est un rude examen à l'heure où la vieillesse oblige aux loisirs. L'instant alors devient solennel, car la parole appartient à la conscience. Puisse celle-ci se montrer rassurante ! Puisse sa voix murmurer : Prends confiance, tu as voulu le bien, si tu ne l'as pas toujours fait.

Tissée chaque jour avec nos travaux, nos bonnes actions, nos fautes et nos larmes, la vie humaine forme une trame obscure dont le regard de Dieu saura faire jaillir la lumière et la vérité.

Time is money, disent les Anglais. Le temps est mieux que cela : il représente les pulsations de notre cœur unies aux clairvoyances de l'intelligence et aux décisions de la volonté.

A mesure que la vie s'avance, que les passions ont fait silence, que les accents humains, eux aussi, se taisent tour à tour, la grande voix de l'au-delà se fait entendre de plus en plus douce ; la claire vue de la bonté divine entre dans l'âme, la détache peu à peu, la faisant entrer dans la sérénité. Là, en paix, elle attendra l'heure où se dénouera le dernier lien qui la retient à la terre.

OUVRAGES DU MÊME AUTEUR

Elise, biographie.

Les Elfes, historiettes et contes poétiques

Le Manoir de Noiseville, roman

Amour vrai, nouvelle

Mina Klarz, roman

Désespéré!, nouvelle

La Marjolaine, roman

Les Trégorck, roman

Kermorland, roman

Histoire d'une Grève, roman

Le Secret de Melton Hill, roman.

École professionnelle d'Imprimerie, 19, rue Bonaparte, Paris.